Dieter Richter

Carlo Collodi und sein *Pinocchio*

Dieter Richter

Carlo Collodi und sein *Pinocchio*

Ein weitgereister Holzbengel
und seine toskanische Geschichte

Verlag Klaus Wagenbach Berlin

Das Buch erschien in anderer Fassung 1996 im S. Fischer Verlag in Frankfurt am Main

Wagenbachs Taschenbuch 495

Umschlaggestaltung: Julie August unter Verwendung einer Zeichnung von Rotraut Susanne Berner. Reihenkonzept: Rainer Groothuis. Das Karnickel auf Seite 1 zeichnete Horst Rudolph. Autorenphoto © Ezzelino v. Wedel. Gesetzt aus der Aldus und der Garamond. Gedruckt und gebunden von Pustet, Regensburg.
Printed in Germany.

ISBN 3-8031-2495-6

Inhalt

Eine Geschichte aus Florenz. Carlo Collodi und seine Stadt

Das Viertel San Lorenzo – Die Familie Lorenzini – Vermutungen über eine Kindheit – »Als ich ein Junge war!« – Das alte Florenz – Im Pathos des Risorgimento – Der politische Journalist – Ein »Roman im Dampf« – Der Hymnus auf den Fortschritt – Hauptstadt Florenz – Die Welt der Kaffeehäuser – Ein komplizierter Lebenskünstler. Seite 11

Vom lernbegierigen zum widerspenstigen Kind. Collodis literarische Figuren

Collodi wird Kinderbuchautor – Übertragung der französischen Feenmärchen – Märchen als moralische Geschichten – Geschichte der Kinderlektüre in Italien – Alphabetisierung und das neue Bild vom Kind – Giannetto und Giannettino – Der Kindheitsroman als realistische Geschichte – Das »gute und gesunde Toskanisch« – Minuzzolo – Ein Kinderreiseführer durch Italien – Collodi als Schulbuchautor – Respektieren wir die Analphabeten! – Sympathie für das böse Kind – Giannettino wird Lehrer. Seite 26

Ein Roman in Serie. Die Entstehungsgeschichte des Pinocchio

Eine Geschichte in Fortsetzungen – Das Gesetz der Serie und der Stil der literarischen Moderne – Der Tod an den Zweigen der Großen Eiche – Pinocchio darf nicht sterben – Die Verwandlung der Fee – Vom moralischen Exempel zum Kindheitsroman. Seite 40

Pino, Pinolo, Pinocchio.
Vom Zauber der Namen

Eine ganze Pinocchio-Familie – Pinie, Pinienholz, Pinienkern – Pinocchina, Pinocchiata, Pignoleria – Pinocchiologen und Pinocchiaden – Burattino, Buratto, Burattinaio – Handpuppe, Marionette, Wunderpuppe. Seite 48

Rebellisches Holz, grotesker Leib.
Pinocchios Körper und die Traditionen der Volkskultur

Es war einmal ein Stück Holz … – Resistenz und Verwandlungsfähigkeit der Puppe – Pinocchio, ein Kind des Volkstheaters – Das Puppenspiel in Italien – Pinocchio und der groteske Körper – Die Nase – Die Ohren – Das Lachen und das Grimassieren – Kontinuität von Volkskultur und Kinderkultur – Pinocchio als phantastischer Reiseroman – Die Reise ins »Land der Spiele« und die Tradition der utopischen Reise. Seite 53

Pinocchios Roman oder
Vom Ende der Kindheit

Kinderliteratur als Rede über Kindheit – Pinocchio, der eigensinnige Held – Die Weigerung, erwachsen zu werden, als Thema der Kinderliteratur – Waldemar Bonsels' »Biene Maja« und Johanna Spyris »Heidi« – Über Hunger und Liebe und den Wunsch, ein »richtiger Mensch« zu werden – »Penetrante Tugend« und die Lust am Verbotenen – Familiäre Beziehungen: Der schwache Vater und die starke Mutter – Fee, Madonna und feministische Gewalt – Die Rettung des Vaters. Seite 65

Pinocchios Wiederkehr oder
Der Roman der zweiten Kindheit.
Weißes Kaninchen und Peter Pan

Ende der Lektüre: Die Langeweile – Collodis Amnesie – Die Geschichte beginnt von neuem – Der »regrediente Kindheitsroman« – Alices »Abenteuer im Wunderland« – Verführer-Tier und Entführer-Tier – Unordnung der alphabetisierten Welt – Lineare und zyklische Zeit – Der Roman der wiedergefundenen Kindheit als unendliche Geschichte – Peter Pan kommt immer wieder – Der Holzbube spricht sich fort. Seite 80

Pinocchio alias Zäpfel Kern.
Otto Julius Bierbaum und die Verwandlung
des Burattino in den Kasper

Bierbaum und Italien – Die gute und schöne Fee Frau Dschemma – Pinocchio wird deutsch – Neue Namen – Politische und zeitkritische Tendenzen – Die Aktualisierung des Stoffes im wilhelminischen Deutschland – Die Inszenierung des Wunderbaren – Kasper, ein deutscher Pinocchio? – Zäpfel Kerns Ende im deutschen Wald. Seite 88

Pinocchio in Deutschland.
Eine Figur der Kinderkultur zwischen nationaler
Akkulturation und der Internationale der neuen Medien

Ein Übersetzungserfolg und seine Geschichte – Die verspätete Aufnahme des Romans in Deutschland – Die literarische Akkulturation der Figur – Pinocchio verliert seinen Namen – Die Moralisierung der Geschichte – Kasperle und Hampelmann – »Regionalisierung« und »Internationalisierung« des Stoffes – Walt Disney und die »Amerikanisierung« Pinocchios – Die »Japanisierung« der Figur in der Fernsehserie – Pinocchio im Medienverbundsystem – Serielle Segmentierung – Kindheit heute: Das Prinzip des »Lustigen« – Das Verschwinden des Kindheitsromans im Ideal lebenslänglicher Kindheit. Seite 97

Die Italiener und ihr Pinocchio.
Versuch, einen Mythos zu verstehen

Das Lächeln der Deutschen – Ehren für eine Holzpuppe – Die italienischen Intellektuellen und Pinocchio – »Eines der beunruhigendsten Bücher der Literatur« – Die »immerwährende Exegese« – Die »Pinocchiaden« – Der Pinocchio-Park in Collodi – Pinocchio als Symbolfigur des italienischen Volkes – Der Roman der Kindheit als nationaler Roman – Italia bambina. Seite 108

Anmerkungen Seite 119

Literaturverzeichnis Seite 133

Register Seite 137

Carlo Collodi und sein

Pinocchio

Eine Geschichte aus Florenz. Carlo Collodi und seine Stadt

Das Viertel San Lorenzo – Die Familie Lorenzini – Vermutungen über eine Kindheit – »Als ich ein Junge war!« – Das alte Florenz – Im Pathos des Risorgimento – Der politische Journalist – Ein »Roman im Dampf« – Der Hymnus auf den Fortschritt – Hauptstadt Florenz – Die Welt der Kaffeehäuser – Ein komplizierter Lebenskünstler.

Wer den Hauptbahnhof von Florenz verläßt und, statt dem touristischen Massenpfad zum Domplatz zu folgen, seitwärts in die enge *Via Sant' Antonio* einbiegt, erreicht nach wenigen Schritten das Marktviertel der Stadt, das *Quartiere San Lorenzo.* In den Reiseführern wird es oft das »Viertel der Medici« genannt, liegen dort doch mit der Kirche *San Lorenzo* und dem *Palazzo Medici* die bedeutendsten Bauwerke dieser großen Florentiner Adelsfamilie. Es ist aber auch das Viertel der kleinen Leute, der fliegenden Händler und der billigen Pensionen, des alltäglichen Kaufens und Verkaufens, ein volkstümliches Quartier rings um den mächtigen *Mercato Centrale,* der alten Markthalle der Stadt. Sehr früh am Morgen beginnt hier das Leben, wenn die Händler die *bancarelle* auf der *Piazza San Lorenzo* aufschließen und die käuflichen Wunder der toskanischen Warenwelt zur Schau stellen. Das ruhige Viertel verwandelt sich dann in das vegetative Zentrum von Florenz, eine Großstadt-Karawanserei, in der sich Altes und Neues, Flüchtiges und Erhabenes, das kleine und das große Leben auf unvergleichliche Weise mischen. Denn »in Florenz halten Kunst und Trippa gute Nachbarschaft«.[1]

Hinter der Markthalle, im Schatten des pulsierenden Lebens, liegt die unscheinbare *Via Taddea.* Dort wurde am 24. November 1826 Carlo Lorenzini geboren, der »Vater von Pinocchio«, wie eine Gedenktafel am Haus mit der Nummer 21 wissen läßt.[2] Die Eltern Carlos waren beide im *Palazzo Ginori* »in Stellung«. Er liegt gleich um die Ecke *(Via de'Ginori 11)* und gehörte jener Familie der Marchese Ginori, die 1737 die erste italienische Porzellanmanufaktur gegründet hatte – sie ist noch heute unter dem Namen *Richard-Ginori* berühmt.[3] Carlos Vater, Domenico Lorenzini, aus einer Bauernfamilie in Cortona gebürtig, diente bei den Marchese Ginori als Koch, die Mutter, Angiolina Orzali, als *domestica,* Dienstmädchen.[4] Sie war als Tochter eines Gutsverwalters der Fürsten Garzoni in Collodi zur Welt gekommen, einem kleinen Bergdorf in der Toskana, oberhalb von Pescia gelegen, wo heute ebenfalls eine Gedenktafel am Haus der Großeltern an den *illustre pubblicista* erinnert – und nach diesem Geburtsort der Mutter wird Carlo Lorenzini später – ab 1859 – sein Pseudonym als Journalist und Schriftsteller wählen: Carlo Collodi.

Carlo war das älteste von insgesamt zehn Kindern, die die Mutter zur Welt brachte und von denen nur vier überlebten: eine Schwester (sie starb später im Kindbett) und drei Brüder. Das war damals, vor allem in ärmeren Familien, durchaus kein ungewöhnliches Schicksal für Mütter und Kinder. Die Kindheit zu überleben war ein Risiko und der Tod – ihm begegnen wir immer wieder auch in *Pinocchio* – stets gegenwärtig.

Gut zu überleben war nicht weniger schwierig. Wer es damals schaffte, sich aus Armut und sozialer Abhängigkeit zu befreien, hatte meist als Kind einen Gönner gehabt: einen von »oben«, der Gefallen an dem Kind von »unten« gefunden hatte und ihm den Aufstieg ermöglichen wollte. Im Falle der Lorenzini-Familie waren es die *padroni,* die fürstlichen Herrschaften, die sich der Kinder ihres Kochs und ihres Dienstmädchens annahmen. Carlos zwei Jahre jüngerer Bruder Paolo wurde von ihnen in die Schule geschickt, dann zum Hauslehrer und schließlich zum Direktor ihrer Porzellanmanufaktur befördert; in dieser Position sollte er es später zu erheblichem Wohlstand bringen. Carlo selber (die Marchesa Ginori-Garzoni hatte ihn persönlich aus der Taufe gehoben) war von den Herrschaften für die geistliche Laufbahn bestimmt worden: er sollte Priester werden. Im Alter von elf Jahren (1837) wurde er auf Kosten des Marchese auf die Schule des Priesterseminars in Colle Val d'Elsa geschickt; er hat sie dann allerdings vorzeitig verlassen (1842), ohne den für ihn vorgesehenen geistlichen Weg weiterzugehen. Der dritte der Brüder, Ippolito, schaffte ebenfalls den bürgerli-chen Aufstieg; er wurde, wie Carlo, Journalist.

Wie mag die Kindheit eines Autors ausgesehen haben, der durch ein literarisches Kinderleben berühmt geworden ist? Die Neugier auf die Kindheitsbiographie Collodis scheint weder den erwachsenen Autor noch seine Zeitgenossen sonderlich umgetrieben zu haben.[5] Eine bestimmte Sensibilität gegenüber den Frühphasen der Persönlichkeitsentwicklung – charakteristisch für die von Pietismus und Entwicklungsdenken geprägte deutsche Bürgerkultur des 18. und 19. Jahrhunderts – hat sich in dieser noch sehr viel stärker von katholischen Traditionen geprägten Welt kaum herausbilden können. So wissen wir wenig über Carlo Lorenzinis frühe Lebensgeschichte, das meiste sind zudem Anekdoten, niedergeschrieben in späteren Lebenserinnerungen von Freunden und Verwandten.

So erzählt sein Neffe Paolo die Geschichte seiner »Schulflucht« im Stile eines pinocchiesken Abenteuers: Der kleine Carlo habe während der Ferien in Florenz am Spielen mit den Kameraden derartiges Vergnügen gefunden, daß er eines Abends die Kutte des Priesterseminars an einen Baum gehängt habe und in Unterkleidung nach Hause gelaufen sei. Später, in seiner Jugendzeit, soll sich die Mutter um ihn Sorgen gemacht und ihn zum Besuch der Messe überredet haben, als man ihr zugetragen hatte, ihr Sohn sei Freimaurer geworden.[6] Es sind die typischen Geschichten, die man sich von der Kindheit großer Leute erzählt: Der ungeratene Bengel hat es trotzdem zu etwas gebracht.

Collodi selber hat nur ein einziges Mal etwas über seine Kindheit geschrieben, eine kleine autobiographische Erzählung für Kinder mit dem Titel *Quand'ero ragazzo!* (»Als ich ein Junge war!«)[7]. Schon der Titel, aber auch die Erzählhaltung erinnert sehr an das Alterswerk eines anderen berühmten

Kinderbuchautors: Erich Kästners Kinderroman »Als ich ein kleiner Junge war« (1957).[8] Aber Collodi teilt im Gegensatz zu Erich Kästner fast nichts über sich mit. Er war 61 Jahre alt, als er die kleine Geschichte veröffentlichte. Als Autor des *Pinocchio* bekannt, konnte er auf Beifall bei seinen kleinen Lesern hoffen, wenn er das »Pinocchio-Muster« biographisierte. »Ihr ahnt nun vielleicht, wer in der ganzen Schule der faulste, unruhigste und frechste Schüler war? Wenn ihr es nicht wißt, will ich es euch ins Ohr sagen, aber ich bitte euch, es euren Vätern und euren Müttern nicht weiterzusagen. Der unruhigste und frechste Schüler war ich.«[9] Und Collodi erzählt von seinen Schüler-Streichen, wie er dafür büßen mußte und wie dann schließlich auch er das wurde, was am Ende der Pinocchio-Geschichte ein *ragazzo perbene* heißt, ein braver Junge.

Auch wenn die Geschichte wenig von dem Kind berichtet, das Collodi einmal war, ist sie unter einem anderen Gesichtspunkt aufschlußreich: Sie zeigt Collodis Bild vom Kind. Sie ist die autobiographische Variante jenes Kindheitsromans, um den es in mehreren seiner Erzählungen geht und der in *Pinocchio* seine klassische Gestalt gefunden hat. Sein Thema ist die Entwicklung des Kindes vom widerspenstigen Naturstoff zum bürgerlichen Erwachsenen.

Was Collodis Kindheitsgeschichte unter biographischem Gesichtspunkt offenläßt, die Beschreibung der Lebenswelt eines Kindes im Florenz der 1. Hälfte des 19. Jahrhunderts, können wir zu rekonstruieren versuchen. Carlo wuchs in einem bescheidenen Haus in einer engen Straße des Viertels *San Lorenzo* auf; Vater und Mutter arbeiteten wenige Schritte entfernt im Palast des Marchese Ginori, einem prachtvollen Bau der Florentiner Hochrenaissance. Das Ambiente dort war geprägt von den Zeichen einer traditionsbewußten städtischen Elitekultur. Der Knabe hat es aus der Perspektive des wohlgelittenen Dienstbotenkindes wahrgenommen, mit dem neugierigen Blick dessen, der zum Gesinde einer großen »Herrschaft« gehört. Seine Lebenswelt war also bestimmt von gegensätzlichen Räumen und Erfahrungen, von den Vermischungen zwischen Volkskultur und Herrschaftskultur in den

Mauern einer großen alten Stadt, die sich gerade den wirtschaftlichen und technischen Entwicklungen der neuen Zeit zu öffnen begann. Ich denke, wir können nicht nur zahlreiche einzelne Elemente dieses Milieus in Collodis *Pinocchio*-Roman wiederfinden; vielleicht ist auch der merkwürdige und in der Kinderliteratur einzigartige Synkretismus der »Abenteuer einer Holzpuppe«, jene Mischung aus Bäuerlichem und Städtischem, aus Populärem und Herrschaftlichem, aus Märchenhaftem und Realistischem, mitgeprägt worden von den sozialen und kulturellen Mischungen, denen der Autor in seiner Kindheit begegnet war. In dieser Welt war fast alles sichtbar und öffentlich, die Strafe und die Blamage, die Freude, der Hunger, die Armut und der Reichtum. In dieser Welt herrschte soziale Distinktion – der kleine Carlo verkehrte per Sie mit der Mutter[10], das haben die Dienstboten vielleicht den Herrschaften abgeschaut –, aber gleichzeitig lebten die Kinder noch wenig geschieden von der öffentlichen Welt der Großen.

In Florenz ist Carlo dann auch jenem Typus von Jungen begegnet, den der spätere Autor immer wieder voller Sympathie und mit ein wenig Nostalgie als *ragazzo fiorentino* oder *ragazzo di strada*, den Florentiner Straßenjungen, charakterisieren wird. Vielleicht dürfen wir uns auch Carlo selber als einen jener *ragazzi* vorstellen: »Der Florentiner Junge und vor allem der Lausbub von der Straße ist ein ganz besonderer Typ, der eine eigene Physiologie verdienen würde. Flink, schlau, waghalsig, graziös, dauernd auf Streiche und Dummheiten erpicht, repräsentiert er den lebendigen und kämpferischen Teil des Landes. Schade, daß er sich durch sein dauerndes Zotenreißen, das er fast schon mit der Muttermilch eingesogen hat, verächtlich macht.«[11] Die Charakterisierung erinnert an den Helden des *Pinocchio*-Romans. Der *ragazzo fiorentino* ist jener Typus des Kindes, für den Collodis Herz schlägt. Und dieser *ragazzo fiorentino* ist auch das Urbild des Pinocchio.

Wenig ist über den Bildungsgang des jungen Carlo Lorenzini zu erfahren. Nachdem er 1842 das Priesterseminar in Colle Val d'Elsa verlassen hatte, kehrte er nach Florenz zurück, wo er bis 1844 eine kirchliche Schuleinrichtung, die *Scuole Pie* der

Padri Scolopi in der *Via Martelli* besuchte; er beschäftigte sich dort mit »Rhetorik« und »Philosophie«, setzte aber seine Studien nicht an einer Universität fort.[12] Seine Neigung galt der Belletristik und dem Theater. Mit 17 Jahren trat er in die *Libreria Piatti*, eine der großen Florentiner Buchhandlungen, ein, wo er, zunächst als Volontär, dann in festangestellter Position, ein bibliographisches Bulletin redigierte. Daneben fand er Zugang zum Theater, begann mit dem Schreiben von Komödien. Im Selbststudium eignete er sich Französisch und Kenntnisse der Musik an (er hat später gerne und gut Klavier gespielt).

Für seine schriftstellerische und politische Entwicklung wurden die Ideen der italienischen Unabhängigkeitsbewegung, des *Risorgimento*, entscheidend. Im Gefolge der Französischen Revolution und der Napoleonischen Feldzüge waren auch in Italien zahlreiche revolutionäre Bewegungen entstanden. Unter den jüngeren Intellektuellen hatte Giuseppe Mazzinis konspirative Gesellschaft *La giovine Italia* großen Einfluß. Ihre Anhänger verfochten republikanische Forderungen und drängten auf bewaffnete Erhebung. Auf eine eher diplomatische Lösung und die konstitutionelle Monarchie zielte die Politik Piemonts und seines Ministers Camillo Cavour. Für die Schriftsteller und Intellektuellen spielte, ähnlich wie im deutschen »Vormärz«, der Kampf um bürgerlich-demokratische Freiheitsrechte eine wichtige Rolle: Gewährung einer Verfassung, Abschaffung der Zensur, Rede- und Versammlungsfreiheit. Hinzu kam ihr Engagement für die »nationale Frage«: Große Teile des Landes standen unter ausländischer Herrschaft. Im Norden gehörten die Lombardei und Venetien zu Österreich, das Großherzogtum Toskana war in Sekundogenitur mit dem Haus Habsburg verbunden.

Das Jahr 1848 markiert einen Wendepunkt in der Geschichte des Landes und auch in der Lebensgeschichte Carlo Lorenzinis. Nach Ausbruch der Revolution in Wien und der Flucht Metternichs im März beginnen revolutionäre Erhebungen in Mailand und anderen italienischen Städten. In Venedig und Rom wird die Republik ausgerufen, der Papst zur Flucht gezwungen und abgesetzt. Auch in der Toskana, einem relativ liberal regierten Land, das schon seit Februar 1848 eine Verfassung besaß, gärt es jetzt. Der Großherzog flieht in die Festung Gaeta an der Grenze zum Königreich Beider Sizilien, eine provisorische demokratische Regierung etabliert sich in Florenz.

Der 22jährige Florentiner Buchhändler Carlo Lorenzini schließt sich im April den Verbänden der Kriegsfreiwilligen an, die das piemontesische Heer im Kampf gegen Österreich und »diese Hunde von Deutschen« unterstützen: So schreibt Lorenzini in einem Brief aus der Schlacht von Montanara. Und: »Gott gebe, daß wir uns endlich mit dem Feind messen können, den wir kaum einen Kanonenschuß weit vor uns haben. Ich kann Ihnen, ohne jede Übertreibung, versichern, daß wir von keiner anderen Leidenschaft beseelt sind als dem sehnlichen Wunsch, ihn unter die Hände zu bekommen.«[13]

Der Enthusiasmus für die Sache der *Indipendenza* wird den 22jährigen auch nach der verlorenen Schlacht bei Montanara nicht verlassen. »Als glühender Anhänger Mazzinis kam er aus dem Krieg zurück«, erinnert sich der Freund Ferdinando Martini.[14] In Florenz wurde er im Sommer 1848 Sekretär beim Senat, 1849 bei der nach der Vertreibung des Großherzogs gebildeten Provisorischen Regierung der Toskana.

Das *Risorgimento* bestimmte auch Collodis Engagement als Journalist. Im Juli 1848 gründete er zusammen mit seinem Bruder Paolo und anderen Freunden die Zeitschrift *Lampione. Giornale per tutti* (»Laterne. Journal für alle«), ein politisch-satirisches Magazin, das einen republikanischen, nationalitalienischen Kurs verfolgte. Als 1849, nach der gescheiterten Erhebung, der Großherzog mit Hilfe der Österreicher nach Florenz zurückkehrt, muß die Zeitschrift ihr Erscheinen einstellen. Lorenzini wird zunächst dienstenthoben, kehrt dann jedoch auf seine Beamtenstelle bei der Regierung der Toskana zurück. Er wird diesen Posten bis zu seinem Ruhestand im Jahr 1881 in wechselnden Funktionen innehaben, ab 1850 als Archivar und Bibliothekar, ab 1860 bei der Theaterzensur-Kommission, 1864 bei der Präfektur.

Seinem Selbstverständnis nach war Collodi zeitlebens in erster Linie Journalist. Er wurde ein gefragter Mitarbeiter zahlreicher Zeitschriften (»Il Lampione«, »Lo Scaramuccia«,

»L'Arte«, »L'Italia Musicale«, »La Nazione« u. a.). Mit großem stilistischem und politischem Geschick bewegte er sich in einem Milieu zwischen Kunst, Politik, Satire und *belles lettres*, schrieb Theater- und Literaturkritiken, Essays, Polemiken, Kommentare, Korrespondenzen, Klatschkolumnen und war dabei vor allem ein Meister dessen, was er selber *macchiette* (»Fleckchen«) nannte: kleiner, oft witziger Erzählungen und Essays zu aktuellen Ereignissen aus Politik, Gesellschaft und kulturellem Leben.[15] In seiner Schreibweise bevorzugte er den Plauderton, dialogische Elemente und ein stilistisches Mittel, mit dem Collodi vor allem zu brillieren wußte: die Ironie. Politisch fühlte er sich der gemäßigten Richtung des *Risorgimento* verbunden; Sozialisten und Kommunisten galt sein Spott ebenso wie der Frauen-Emanzipation.[16] Dem Theater stand er nicht nur als Kritiker, sondern auch als Autor mehrerer Komödien besonders nahe. 1868 wurde er Mitarbeiter der Kommission des *Dizionario della Lingua Italiana.*

Im Jahr 1856 trat Collodi mit seinem ersten Buch an die Öffentlichkeit – einem Werk von außerordentlicher Skurrilität und Modernität. Es trägt den Titel *Un romanzo in vapore* (»Ein Roman im Dampf«) und ist der erste »Eisenbahnroman« der Literaturgeschichte.[17] Den Rahmen der Handlung bildet eine Reise auf der neuen *strada ferrata*, der »Eisenstraße« von Florenz über Empoli und Pisa nach Livorno. Wie ein Reiseführer liest sich der Anfang des Buches: Es ist eine trockene Aufzählung der in den Staaten der Apenninhalbinsel existierenden »Eisenstraßen« und Telegraphen. Im Stil eines Reiseführers sind auch die Hinweise auf die Sehenswürdigkeiten an der Strecke gehalten. Aber wer im Eisenbahnzug reist, fliegt an der äußeren Welt rasch vorbei. Dafür entschädigt die Zugreise den Reisenden, indem sie eine neue, innere Welt entstehen läßt: die Welt im Coupé. Die Eisenbahnreise bringt einander fremde Menschen für kurze Zeit in flüchtige Verbindung. Und dies ist die innere Handlung von Collodis *Guida storico-umoristica.* Kaleidoskopartig reiht er Gespräche und Selbstgespräche, Reflexionen, Beobachtungen und Episoden aneinander. Collodi kommentiert den zärtlichen Abschied eines Liebespaares, räsoniert über die neuen Glücksspiele, plaudert über moderne Architektur, die Frauen, die schönsten Cafés in Florenz. Die Eisenbahnreise – sie wird ihn zeitlebens faszinieren, auch Thema seiner Kinderbücher werden[18] – bietet dem Autor das ideale Ambiente für die Entfaltung seiner ironischen Plauderkunst.

Die Faszination durch die Eisenbahn hängt eng mit Collodis politischer Einstellung als Risorgimentalist zusammen. Die *strade ferrate*, vor der Einigung Italiens von »argwöhnischen und jedem Fortschritt feindlichen Fürsten« boykottiert[19], garantieren den Anschluß des rückständigen Landes an die europäische Entwicklung, an den »Fortschritt«. Collodi war ein leidenschaftlicher »Moderner«. Dem neuen Verkehrsmittel und der »Industrialisierung von Raum und Zeit«[20] begegnete er nicht mit dem nostalgischen Blick auf die »gute alte Art« zu reisen. Im Gegenteil: »Ich kenne kein kläglicheres Wesen auf Erden als den Fußgänger. Und auch wenn ich mich in Widerspruch zu Buffon und zu allen hochberühmten alten und neuen Naturwissenschaftlern setzen sollte, stehe ich nicht an zu behaupten: Der Mensch wurde nicht geschaffen, um zu Fuß zu gehen.«[21]

Statt dessen also die »Phantasie des Dampfes«[22], der emphatische Hymnus auf die Musik einer pfeifenden Lokomotive, die »alle gebildeten und intelligenten Menschen mit Wonne und Glück erfüllen sollte«.[23] Denn, so Collodi, nicht »der Stil«, sondern »das Motto« ist der Mensch, und das Motto der Gegenwart heißt »Zeit ist Geld«: »Diese Zauberformel schuf die Maschinen, den Dampf und den Telegraphen.«[24]

Der Modernismus Collodis (der bereits an die späteren Debatten über die »Schönheit der Maschine« erinnert) mag den naiven Leser des *Pinocchio* vielleicht überraschen. Aber auch die »Abenteuer einer Holzpuppe« zeigen die Charakteristika der literarischen Moderne. Der Roman ist ein Kind des Tagesjournalismus, seine Struktur die der Fortsetzungsgeschichte; typisch für die Handlung sind die kaleidoskopartige Mischung heterogener Elemente, der schnelle Szenenwechsel, die Dialoge und die Ironie.

Dies war die Form des Romans, in der Collodi brillieren konnte. Schon ein Jahr nach dem »Roman im Dampf« kam er mit einer anderen Plaudergeschichte heraus, den *Misteri di Firenze,* den »Geheimnissen von Florenz«[25], dessen Titel dem berühmten Sueschen Kolportageroman *Les mystères de Paris* nachempfunden war. Das Buch bietet kurze, von Gesprächen dominierte Szenen aus Politik, Gesellschaftsleben, Theater, Mode und Kuriositäten der Stadt.

Collodi kennt diese Stadt und er liebt sie, immer wieder schreibt er über Florenz (er hat sie übrigens auch nur selten verlassen, das Reisen war seine Sache nicht[26]). Man muß sich dabei vor Augen halten, daß das politische und soziale Klima in Florenz die Entstehung einer frühen italienischen Moderne sehr begünstigt hat. Die Toskana hatte sich unter dem Großherzog Peter Leopold, dem Bruder des österreichischen Kaisers Joseph II., zu einer Art Musterland der Aufklärung auf der Apenninhalbinsel entwickelt. Auch in den Zeiten Metternichs blieb Florenz, neben Turin und Mailand, eines der liberalen Zentren Italiens und Hauptstadt des oppositionellen Journalismus. Hier erschien seit 1821 die von dem aus Genf eingewanderten Giovan Pietro Vieusseux gegründete Zeitschrift *Antologia,* eines der Sprachrohre des *Risorgimento.* Hier hatten mehrere bedeutende Verlage (Le Monnier, Barbera, Salani) ihren Sitz. Und hier hatte sich – ganz im Gegensatz zu dem verschlafenen Rom – ein modernes großstädtisches Leben entwickelt, das auch die europäischen Reisenden der Zeit beeindruckte. Hippolyte Taine, der die Stadt 1864 besuchte, nennt sie eine »Hauptstadt« und beschreibt sie voller Bewunderung: »Die Füße schreiten, ohne daß man es merkt, über die großen Fliesen, mit denen alle Straßen gepflastert sind. Vom Palazzo Strozzi bis zur Piazza Santa Trinita summt die unaufhörlich zuströmende Menge. An hundert Orten sieht man die Zeichen eines geistigen und angenehmen Lebens auftauchen: fast prächtige Kaffeehäuser, Kupferstichhandlungen, Alabaster-, Stein- und Mosaikläden, Buchhändler, eine reiche Lesehalle und ein Dutzend Theater.«[27]

Die »wirkliche« Kapitale sollte die Arnostadt ein Jahr später werden: Von 1865 bis 1871 (Rom war zu dieser Zeit noch in den Händen des Papstes und der Franzosen) war Florenz die

Hauptstadt des Königreichs Italien. Es erlebte in dieser Zeit einen Umbruch seines städtebaulichen Gefüges. Die Stadtmauern wurden abgerissen, die Arnoufer begradigt, das alte verwinkelte Marktviertel der heutigen *Piazza della Repubblica* geschleift und durch moderne Neubauten ersetzt.[28]

Collodi kommentierte diesen Prozeß mit Bitterkeit und Ablehnung.[29] Er, der als 30jähriger in seinem Eisenbahnroman das Lob des Fortschritts gesungen hatte, der im Ersten und dann, 33jährig, auch noch im Zweiten Italienischen Unabhängigkeitskrieg 1859 für die Sache des Neuen Italien gekämpft und sie in seinen journalistischen Beiträgen vertreten hatte (und immer noch vertrat), wurde mit höherem Alter dem »Neuen« gegenüber zunehmend skeptischer. In *Gli ultimi fiorentini* (»Die letzten Florentiner«) beschreibt er voller Nostalgie das Leben in den Mauern der Stadt »vor ihrem Niedergang«[30], als es noch nicht »das falsche Florenz unserer Tage« gewesen sei, wo man dem »wahren Florentiner« kaum noch begegnen könne: »Der wahre Florentiner besteht hartnäckig darauf, auch heute noch ›Platz des Großherzogs‹ zu sagen, und er tut schließlich gut daran; denn er weiß, daß man die Geschichte nicht in der Geschichte ganz liest, sondern überall ein bißchen, sogar in den alten Namen der Straßen und öffentlichen Plätze.«[31]

In dem »alten« Italien, in der Toskana des Großherzogs, deren Collodi sich jetzt mit Wehmut erinnerte, lag für ihn auch »das Unbekannte, das Wunderbare, das Land des Märchens und der Legende«[32], und die außerordentliche Wendung Collodis zum Autor des *Pinocchio* ist auch die Hinwendung des Revolutionärs und Fortschrittskämpfers zur verlorenen Welt des Populären. Enttäuschung über die politische Entwicklung des Landes ist dabei unverkennbar. »Collodi hatte die nationale Einigung erlebt, für die er in zwei Kriegen gekämpft hatte, aber der Staat, der dabei entstanden war, enttäuschte ihn vielleicht noch mehr als das alte Großherzogtum, gegen das er in seiner Jugend zu Felde gezogen war (...). So suchte er die Elemente einer lokalen Kultur wiederzuentdecken, durch die er nicht nur die sprachliche Form gewinnen wollte, die an Redeweisen und Begriffe der Florentiner Mundart anspielte, sondern auch deren spezifische Inhalte selber.«[33]

Über die persönlichen Lebensumstände Collodis in Florenz – sei es im »alten«, großherzoglichen, sei es im »neuen«, italienischen – wissen wir nicht allzuviel aus erster Hand.[34] Es fällt aber nicht schwer, sich den Autor in jenem Milieu vorzustellen, das er selber immer wieder, zwischen Anteilnahme und Ironie schwankend, beschrieben hat. Collodi war ein häufiger Gast in den Kaffeehäusern der Stadt, dem halbseidenen und von den Fremden bevorzugten *Doney* an der *Piazza Santa Trinita*, im *Elvetico* am *Mercato Nuovo*, wo sich die Künstler trafen, oder im *Elveticchino* in der Nähe des Doms, Collodis bevorzugtem Stammcafé. Hier war der Treffpunkt der jungen Liberalen, der Journalisten, der Theaterfreunde, der Müßiggänger und Lebenskünstler aller Couleur. »Die Tische in diesem Cafe waren niemals verwaist. Hier saß ein Theaterjournalist, der, während er sich mit der einen Hand ein Brötchen mit vaterländischer Fenchelmortadella in den Mund stopfte, mit der anderen die Druckfahnen eines Artikels korrigierte; weiter hinten ein paar junge Leute, Grünschnäbel von Advokaten, frisch inspirierte Literaten und kaum flügge gewordene Dichterlinge, die mit lauter Stimme irgendein neues Gedicht von Prati deklamierten, das gerade druckfrisch mit den Zeitungen aus Turin auf den Tisch geflattert war; am Tisch daneben ein heiserer Tenor, der über sich selber einen lobenden Artikel schrieb, um dem Rezensenten die Mühe zu ersparen, ihn selber aufsetzen zu müssen; daneben ein paar elende Sänger, unstet wie herrenlose Hunde, die die Luft mit mißlungenen Vokalübungen verpesteten, so daß es einem den Atem verschlug; und überall an den Tischen Gruppen, die lachten, lärmten, sich zankten und die – nachdem sie untereinander eine Flut von Epitheta gewechselt hatten, die andernorts als schwere Beleidigungen gelten würden, in Florenz jedoch den Charakter von Schmeicheleien haben – davongingen, der eine hierhin, der andere dorthin, alle zufrieden und alle noch enger befreundet als zuvor.«[35]

Was Collodi hier beschreibt, ist eine frühe Spielart der europäischen Bohème. Journalist zu sein bedeutete für ihn im liberalen Florentiner Milieu der Zeit vor und nach 1859 mehr als nur eine publizistische Profession. Es war zugleich eine Lebensform, ein *savoir vivre* in einem toleranten intellektuellen Großstadtambiente. In dieser Umgebung ist auch *Pinocchio* entstanden, in einem Milieu, das sich deutlich von jenem unterscheidet, in dem damals in Deutschland Kinder- und Jugendbücher geschrieben wurden, Bücher mit einem betont familialen, pädagogischen, religiösen und nationalen Einschlag.

Zeitgenossen Collodis haben in ihren Erinnerungen auch die persönliche Lebensweise des *Pinocchio*-Autors im Florenz der siebziger und achtziger Jahre festgehalten. Collodi war zeitlebens unverheiratet und gab sich als Publizist und Theaterautor gern als Feind der »Versklavung« der Männer durch die Frauen.[36] Ab 1860 lebte er zusammen mit seiner Mutter bei seinem reichen jüngeren Bruder Paolo in einer stattlichen Wohnung mit mehreren Bediensteten: »... ein Junggeselle, recht verschlossen und nicht frei von eingefleischtem Argwohn, der ihn des Nachts mit einer alten Pistole bewaffnet durch das Haus trieb, wo er sich vergewisserte, daß keine Diebe da waren.«[37] Seine äußere Erscheinung im Alter beschreibt der Neffe so: »Er war von mittlerer Statur, eher schief und leicht fettleibig, und hatte die feste und ein wenig kecke Haltung des alten ehemaligen Soldaten. Er war ausgesucht gekleidet, wobei er gern verschiedenfarbige Stoffe trug, mit Vorliebe auf tabakfarbenem Grund. Er war immer gepflegt, akkurat und genau.«[38] Von seiner Vorliebe für extravagante Kleidung weiß auch eine Beschreibung zu berichten, die sich an eine Karikaturensammlung mit Typen aus der zeitgenössischen Florentiner Kaffeehausszene anlehnt: »Der jetzt vortritt, den großen Zylinderhut aufs Auge gedrückt, ein kurzes knappes Jäckchen überm Bauch mit Puffärmeln wie bei einem Spencer, die Beine nach hinten eingebogen in engen Hosen à la Peruzzi, das Plastron unter einem glatten Priesterkragen, und darüber ein großer Schnurrbart, ein großer Bart, Typ Husar oder Pudel – das ist der Lorenzini ...«[39]

Er soll sprichwörtlich faul gewesen sein (davon wird im Zusammenhang mit der Entstehung des *Pinocchio* noch die

Rede sein): das jedenfalls berichten Zeitgenossen, und auch er selber hat sich – wenngleich nicht ohne Koketterie – so gesehen: »Frau Faulheit ist immer meine Hausherrin gewesen.«[40] Er war ein leidenschaftlicher Spieler, was ihn immer wieder erhebliche Summen gekostet und in Geldverlegenheiten gebracht hat, die er durch Veröffentlichungshonorare zu beheben suchte.[41] Er kam abends gern spät nach Hause, rauchte und trank viel und hat auch dem damals in Mode kommenden Absinth zugesprochen.[42] Und er hat, so die Überlieferung weiter, gern gekocht: »Wenn er alleine in Florenz blieb, hat er sich oft und gern die Pasta zu Hause gemacht. Und wie gut verstand er sich aufs Kochen. Vielleicht hatte er es vom Vater geerbt. Er ging dann beizeiten aus dem Haus, begab sich auf den Markt, machte die notwendigen Einkäufe, die er, in ein Tuch gefaßt, nach Hause trug. Wenn es der Zufall wollte, daß er einem Freund begegnete, lud er ihn zum Essen ein, und wenn es ihm gelang, nahm er ihn gleich mit nach Hause, damit er ihm bei den Küchenhantierungen behilflich sei. Dort, in der Küche, mit aufgekrempelten Ärmeln, zwischen einer Diskussion über Literatur und einer Kunstkritik, zwischen Witzen und Plaudereien, bereitete er Gerichte zu, die ein Genuß waren.«[43]

Die Skizze von Milieu und Lebensumständen Collodis kann vielleicht ein wenig dazu beitragen, bestimmte kinderliterarische Besonderheiten seines *Pinocchio* zu verstehen. Collodi war kein professioneller Pädagoge, und wenn auch sein Roman immer wieder moralische Maximen ins Feld führt, zeigt sein Autor doch in ihm erhebliches und sicher auch persönlich begründetes Verständnis für Pinocchios Arbeitsscheu, seine Spiellust, seine Unbekümmertheit und seine Verweigerungshaltung gegenüber den Härten und Pflichten des Lebens. Und Szenen wie die vom Richter, der wie selbstverständlich statt der Täter das Opfer bestraft (XIX), oder von den um Pinocchios Krankenbett versammelten Ärzten und ihren Spitzfindigkeiten (XVI), bekunden ein distanziert-ironisches Verhältnis des Verfassers zu Autoritäten: eine Einstellung, die dem Gros der älteren Kinderliteratur durchaus fremd ist.

Wahrscheinlich hat der Autor dabei weniger an die Kinder gedacht und mehr an sich und seine Freunde, als er diese Szenen schrieb.

Als Collodi am 26. Oktober 1890 im Alter von 64 Jahren starb, war er zwar berühmt, jedoch nicht als derjenige, den die Nachwelt einmal schätzen sollte: als Autor des *Pinocchio*. Der zweispaltige Nachruf, den ihm die in Florenz erscheinende Zeitung *La Nazione* widmete, erwähnte das Buch mit keinem Wort. Die Florentiner Wochenzeitung *Vita Nuova* würdigte ihn zwar als Kinder-Schriftsteller, hob aber in diesem Zusammenhang vor allem den *Giannettino* hervor.[44] Im übrigen wurde er in den Nekrologen vor allem als der gefeiert, als der er heute praktisch vergessen ist: als Journalist, als Patriot und Kämpfer für die Unabhängigkeit Italiens, als Soldat von Montanara.[45] Als 1891 am Geburtshaus der Mutter in Collodi eine Gedenktafel angebracht wurde, war dort die Rede von dem »illustren Publizisten, dem freiwilligen Soldaten der vaterländischen Schlachten, dem scharfsinnigen und geistreichen Schriftsteller, der sich um den öffentlichen Unterricht verdient gemacht hat«.[46] Der Name Collodi war in den nationalen Konsens des Mythos vom *Risorgimento* eingegangen. Vermutlich wäre Lorenzini-Collodi stolz darauf gewesen. Er konnte, als er starb, nicht ahnen, daß sein Name wegen eines ganz anderen Verdienstes überleben sollte.

Vom lernbegierigen zum widerspenstigen Kind. Collodis literarische Figuren

Collodi wird Kinderbuchautor – Übertragung der französischen Feenmärchen – Märchen als moralische Geschichten – Geschichte der Kinderlektüre in Italien – Alphabetisierung und das neue Bild vom Kind – Giannetto und Giannettino – Der Kindheitsroman als realistische Geschichte – Das »gute und gesunde Toskanisch« – Minuzzolo – Ein Kinderreiseführer durch Italien – Collodi als Schulbuchautor – Respektieren wir die Analphabeten! – Sympathie für das böse Kind – Giannettino wird Lehrer.

Der Weg des Journalisten, Romanciers und Komödienautors Carlo Collodi in die Welt der Kinderliteratur begann im Jahr 1876, und es scheint, daß dabei eher ein Zufall eine Rolle spielte: Collodi hatte vom Florentiner Verlag der Brüder Alessandro und Felice Paggi den Auftrag einer Übersetzung französischer Feenmärchen bekommen. Das Buch mit dem Titel *I racconti delle fate* (»Die Erzählungen der Feen«) umfaßte neben den neun Märchen von Charles Perrault auch einige Geschichten von Marie-Catherine d'Aulnoy und Jeanne Marie Le Prince de Beaumont.[1] Collodi hat nicht einfach übersetzt, sondern – so der Untertitel – die Märchen ins Italienische (genauer gesagt: ins Toskanische) »gewendet«, sie also der heimischen Vorstellungswelt angepaßt.[2]

Der Begegnung mit den *Contes des Fées* verdankt Collodi – und verdankt der *Pinocchio*-Roman – einige wichtige Anregungen. Die wichtigste betrifft die weibliche Hauptfigur des *Pinocchio*, die Fee. Collodi hat diese Figur im französischen Feenmärchen des Absolutismus gefunden und in die Welt seines Romans integriert. Auch die wiederkehrende Charakterisierung der Figur durch eine hervorstechende körperliche Eigenheit (»die Fee mit den blauen Haaren«) verdankt er den *féeries*[3], ebenso die Beschreibung ihres kuriosen Hofstaats:

der grotesken Mäusekutsche, mit der der herausgeputzte Pudel-Kutscher ausgeschickt wird, um Pinocchio an der Großen Eiche zu retten.[4]

Noch wichtiger als solche Übernahmen einzelner Requisiten erscheint mir die Tatsache, daß Collodi in Perrault einem Autor begegnete, der ihm wie kein anderer einen Begriff vom moralischen Charakter des Märchens zu vermitteln vermochte und ihn damit für die Konzeption des *Pinocchio* entscheidend beeinflußte. Perrault hat ja seine Märchentexte am Schluß mit *moralités*, moralischen Nutzanwendungen, versehen, die den populären Erzählungen die Würde einer erzieherischen Botschaft geben sollten. In diesem Sinne hat auch Collodi das Erzählen märchenhafter Geschichten verstanden und praktiziert.

Ein Jahr nach dem Erscheinen der »Feengeschichten« kam Collodi, jetzt 51 Jahre alt, mit seinem ersten eigenen Kinderbuch heraus: *Giannettino. Libro per i ragazzi* (»Giannettino. Buch für die Knaben«).[5] Der Verleger Felice Paggi hatte Gefallen an der Übertragung der Feenmärchen gefunden und – so die Geschichte aus dem Munde des jüngsten Collodi-Bruders Ippolito – »da die Arbeit so gut gelungen war, begriff er rasch, daß Lorenzini genau der Mann sein würde, um Lesebücher für Kinder zu schreiben in einer Art, wie es noch keine gab. Nachdem er sich diese Idee in den Kopf gesetzt hatte, begann er ihn zu umwerben: Parravicinis *Giannetto*, von pädagogischer Hand nach den Erfordernissen der Zeit bearbeitet, würde gewiß sowohl an den Schulen als auch unter verlegerischem Gesichtspunkt erfolgreich sein. Aber Carlo stellte sich taub. Schließlich, immer wieder bedrängt, sagte er: Gut, irgendwann werde ich es machen, jetzt kann ich nicht, laß mich in Ruhe, ich bin mit den Nerven am Ende. Und dann geschah es. An einem, oder sagen wir besser, an einem häßlichen Karnevalsmorgen des Jahres 1876 fällt Collodi, zu guter Stunde erwacht, plötzlich ein, daß er an diesem Tag noch eine tüchtige Schuld zu begleichen habe; er überlegt hin und her, weiß nicht, woher das Geld nehmen und nicht stehlen. Er zerbricht sich den Kopf, endlich steht er auf, zieht sich an, nimmt den Hut und verläßt das Haus, um Felice Paggi aufzusuchen.«[6]

Auch wenn man die Pointe dieser Entstehungsgeschichte des *Giannettino* nicht allzu wörtlich nehmen darf, enthält sie dennoch eine Wahrheit: Collodis Kinderbücher sind als – manchmal ein wenig ungeliebte – Auftragsarbeiten zustande gekommen, und das gilt auch für *Pinocchio*. »Ein unfreiwilliges Meisterwerk« hat Ornella Castellani Pollidori, die Herausgeberin der Kritischen Jubiläumsausgabe von 1983, das Buch genannt.[7]

Die andere »Wahrheit« der Familienanekdote weist über das Biographische hinaus: Collodis Kinderbücher gehören in den Zusammenhang der italienischen Alphabetisierungsbewegung nach 1871, die einen neuen Typus der Kinderlektüre beförderte, eben jener »Lesebücher für Kinder, wie es noch keine gab«, wie sie sich der Verleger Paggi wünschte.

Die Geschichte der Kinder- und Jugendlektüre beginnt in Italien – verglichen mit den Verhältnissen in Deutschland – mit einer »Verzögerung« von etwa zwei Generationen. Während in Deutschland eine spezifische Bürger- und Kindheitskultur schon in der zweiten Hälfte des 18. Jahrhunderts zur Entstehung einer differenzierten Kinderliteratur samt der sie begleitenden literaturpädagogischen Diskussion geführt hatte, dominierten im Süden noch lange die traditionellen Sozialisationsverhältnisse der »Vorschriftlichkeit«. Die ersten Anstöße zu einer eigenen nationalitalienischen Kinderliteratur im Geiste der Aufklärung gingen von den Städten Oberitaliens aus. Ein von der *Società patriotica di Milano* gestifteter Preis eines literarischen Wettbewerbs ging 1782 an Francesco Soaves *Novelle morali*, eine Sammlung von Geschichten im Stile der empfindsamen Erzählung und eines der wenigen italienischen Kinderbücher, das vor Collodis *Pinocchio* den Weg nach Deutschland finden sollte.[8] Aufgeklärten Grundsätzen bürgerlicher Lebensführung und den Mustern der moralischen Exempelliteratur verpflichtet waren später die Bücher des lombardischen Pädagogen Giuseppe Taverna, *Prime letture dei fanciulli* (1801), und des venezianischen Schulvorstehers

Luigi Alessandro Parravicinis *Giannetto* (1837) – eben jenes Buch, das Collodis Verleger Paggi »nach den Erfordernissen der Zeit« bearbeitet sehen wollte.

Paggi – neben Ulrich Hoepli in Mailand tonangebend auf dem Sektor der Kinderlektüre – bewies damit ein gutes Gespür für die Gunst der Stunde. Im Zusammenhang mit den staatlichen Modernisierungsbemühungen im Königreich Italien wurde 1877 – dem Erscheinungsjahr von Collodis Schulbuch *Giannettino* – die *lex Coppino* erlassen, das allgemeine Schulpflichtgesetz, das eine dreijährige kostenlose Schulbildung vom 6. bis zum 9. Lebensjahr festlegte.[9] Die Welle der Alphabetisierung – bei Gründung des Königreichs Italien lag der Anteil der Analphabeten noch bei 78%[10] – führte der Kinderliteratur jetzt auf dem Weg über die Schulen jährlich Hunderttausende von neuen Lesern zu, der Bedarf an Kinderlektüre wuchs. Die von Paggi ins Leben gerufene Reihe *Biblioteca Scolastica*, in der Collodis Bücher für Kinder erschienen, wurde eines der wichtigsten Vehikel der neuen Lesebewegung.

Kindheitsgeschichtlich ist diese Entwicklung verbunden mit einem Wandel des Kindheitsbildes[11], wie er sich in der zweiten Hälfte des 19. Jahrhunderts auch in Deutschland beobachten läßt: Das Bild des *lernbegierigen Kindes* wird zunehmend von dem des *widerspenstigen Kindes* verdrängt.

Das »lernbegierige Kind« ist eines der ältesten Kindheitsmuster des pädagogischen Diskurses. Die Kinderliteratur der Aufklärung lebt davon. Sie entwirft ein Bild vom Kind, das von der Notwendigkeit, lernen zu müssen, im Grunde nicht überzeugt zu werden braucht. Es ist offen für die Gegenstände des Unterrichts, auch für schwierige Sachverhalte. Für mögliche Widerstände gegen das pädagogische Programm ist hier kaum Platz. Das Kind ist glücklich, lernen zu dürfen.

Das Buch, das Carlo Collodi im Auftrage des Verlegers Paggi 1877 für Kinder neu bearbeitete, zeichnet das Bild eines solchen Kindes. Es ist Parravicinis *Giannetto* (»Hänschen«), das 1837 den literarischen Wettbewerb der *Società fiorentina dell' istruzione elementare* gewonnen und in ganz Italien rasch zahlreiche Auflagen erlebt hatte.[12] Sein kindlicher Held, der kleine Giannetto, präsentiert sich so:

Es war einmal ein Knabe, welcher gänzlich vergnügt war, da er gelernt hatte, zu lesen. »Ich bin noch klein«, sprach er bei sich selber, »ich verstehe wenig, aber ich verstehe zu lesen. Vermöge der Bücher und der Schule will ich mich in den Dingen unterweisen, die zu wissen nötig sind, um ein tüchtiger Mensch zu werden und in der Lage zu sein, mir das zum Leben Notwendige zu verdienen. Das Buch, das ich lese, ist für mich und die Knaben meines Alters geschrieben. Ich werde mich befleißigen, zu verstehen, was ich lese, und wenn ich etwas nicht verstehe, werde ich den Herrn Lehrer bitten, auf daß er sich gefällig zeige, es mir zu erklären.«[13]

Carlo Collodi, der dieses Buch 1877 »nach den Erfordernissen der Zeit« neu schreibt, macht aus *Giannetto* (»Hänschen«) einen *Giannettino* (»kleines Hänschen«) und führt ihn folgendermaßen ein:

Stellt euch einen hübschen jungen Burschen vor, frisch und aufgeweckt, mit ein paar blauen, ein wenig schelmischen Augen und einem großen roten Haarschopf, der ihm in Locken bis zur Mitte der Stirn herabfiel. Giannettino war das einzige Kind seiner Eltern, und, wie ihr euch vorstellen könnt, liebte ihn sein Papa über alles und seine Mama wagte, wie man so schön sagt, ihn nicht anzufassen aus Angst, ihn zu zerbrechen. Aber was des Guten zuviel ist, verdirbt manchmal die Knaben, und genau das war mit Giannettino geschehen. Weil ihm alles durchging und er sich in allen Streichen Meister sah, war er keck und vorlaut geworden und gab zu Hause und draußen niemals Frieden. Den Wunsch zu lernen kannte er nicht einmal vom Hörensagen. Seine Bücher und seine Hefte waren alle voll mit Klecksen und von der ersten bis zur letzten Seite mit Strichmännchen, kleinen Bäumen und Soldaten verziert, die er mit der Feder gezeichnet und mit rotem und blauem Farbstift ausgemalt hatte – und manchmal auch mit Kirschsaft. Wenn er des Morgens zur Schule ging, dann ging er dorthin mit dem gleichen Vergnügen und mit dem gleichen heiteren Gesicht, als wenn er zum Zahnarzt gegangen wäre, um sich einen Zahn ziehen zu lassen. Und da sonntags und donnerstags schulfreie Tage waren, sagte er immer zu seiner Mutter (und er kam sich dabei vielleicht sogar noch verständig vor): ›Mama, wenn ich den Kalender erfunden hätte, hätte ich vier Sonntage und drei Donnerstage in die Woche gesetzt.‹ [14]

Der Vergleich der beiden Texte zeigt den Wandel des Kindheitsbildes sehr deutlich. Die Gründe für dem Wandel sind in der Kindheitsgeschichte zu suchen: Eine Gesellschaft, die die Alphabetisierung der Masse der Kinder obligatorisch gemacht hat, muß Lernwiderstände der Kinder viel ernster nehmen als eine Sozietät, die Bildung nur einer kleinen, ohnehin motivierten Gruppe von Kindern aus den höheren Ständen zugedacht hatte. Und sie muß die Rohform von Kindheit – Wildheit, Spontaneität und Phantasiegesteuertheit von Kindern – besonders wahrnehmen. Die »Veredelung« dieser Kindheit in das Modell des gebildeten Erwachsenen ist das Thema des Kindheitsromans. Collodis erstes Kinderbuch *Giannettino* zeigt dessen Struktur bereits in der Grundform, und läßt schon die stilistischen Mittel erkennen, mit denen der Autor des *Pinocchio* die Leser zu gewinnen suchen wird: die detailfreudige, der Karikatur verpflichtete Charakterisierung der Figuren, der erzählende Ton, der stark auf dialogische Elemente setzt, und die Komik. In alledem erinnert Collodi an einen großen Zeitgenossen in Deutschland, auch er eine Ausnahmeerscheinung in der literarischen Kinderwelt: Wilhelm Busch.

Collodis *Giannettino* erzählt die allmähliche Verwandlung des kleinen Tunichtgut. Als Lehrer wird ihm Doktor Boccadoro (»Goldmund«) beigegeben, der die fortschreitende Bildung des Knaben durch direkte Belehrungen, durch Erzählungen und durch »Anschauungsmaterial« wie beispielsweise das Marionettentheater bewerkstelligt. Auch eigene Erlebnisse des Helden tragen zu seiner »Besserung« bei. Große Teile des Buches sind, dem schulischen Gebrauchszweck entsprechend, sachlichen Informationen über Naturkunde, Biologie, Post- und Eisenbahnwesen, heimische und fremde Produkte, Schule, Militär, Staat, Geschichte etc. gewidmet, was der erzählerischen Komposition des Werks nicht besonders förderlich ist. Am Ende geht Giannettino, jetzt ein wohlerzogener Junge geworden, in Begleitung seines Lehrers auf Reisen, natürlich mit der Eisenbahn.

Giannettinos Bildungsgeschichte läßt in seiner didaktischen Grundstruktur und in vielen einzelnen Motiven die spätere Geschichte von *Pinocchio* schon erkennen – und zugleich die außerordentliche Besonderheit der »Abenteuer einer Holzpuppe« deutlich werden: Auch Giannettino erliegt beispielsweise der Verführung durch böse Gefährten. Sie schleppen ihn ins Wirtshaus, wo sie das Geld für den neuen Atlas verzechen, und lassen am Ende den Unglücklichen bezahlen[15] – ein Motiv, dem wir auch in Pinocchio begegnen werden (XIII). Aber in *Giannettino* sind die Verführer Mitschüler aus der Klasse, in *Pinocchio* treten sie in den fabulösen Gestalten von Kater und Füchsin auf. Auch Giannettino muß für die »Folgen einer Lüge« büßen – so der Titel eines Kapitels, das in der Tradition des moralischen Exempels davon handelt, wie eine Lüge einen anderen Menschen ins Krankenhaus bringt.[16] Anders die bekannten Folgen einer Lüge in *Pinocchio*: Dem armen Schelm wird die Nase lang und immer länger (XVII).

Während also in *Giannettino* der Kindheitsroman noch fast ganz als »realistische« Umweltgeschichte erzählt wird[17], wird er im *Pinocchio* ins Märchenhafte transponiert, bekommt damit eine neue Qualität.

Carlo Collodi hatte mit dem *Giannettino* ein Buch geschaffen, das äußerst erfolgreich werden sollte[18] und auch den Beifall von Erziehern und Patrioten des Postrisorgimento fand – dies auch aus damals aktuellen sprachpolitischen Gründen: weil es nämlich, wie Giuseppe Rigutini 1888 hoffte, »wirkungsvoll zur Verbreitung der wahren toskanischen Sprache beitragen wird (...), jener guten und gesunden Sprache, die Italien zu großen Teilen gemein und die dazu bestimmt ist, früher oder später alle italienischen Provinzen sprachlich zu vereinigen, indem sie allmählich die Stelle des Dialekts oder der Mundart einnehmen wird«.[19]

Schon ein Jahr nach diesem Erfolg kam Collodi in der *Biblioteca Scolastica* mit einem zweiten Lesebuch für Kinder heraus, auch dies schon auf dem Titelblatt mit dem pädagogischen Gütesiegel *Approvato dal Consiglio Scolastico* versehen:

Es hieß *Minuzzolo*[20], und sein Titelheld ist Giannettinos ehemaliger Freund, ein etwas ruppiger, allerdings gelehriger Knabe, der »trotz seiner kleinen Mängel ein gutes Herz hatte«.[21] Zusammen mit seinen drei Brüdern und Signor Quintiliano reist er aufs Land, wo die Kinder, über Erlebnisse, Geschichten und direkte Belehrungen vermittelt, Kenntnisse in guter Lebensart und Moral sowie allerlei Sachwissen auf verschiedenen Gebieten der Naturkunde, der Mythologie und des gesellschaftlichen Lebens erwerben. Es ist eine Wiederaufnahme des erfolgreichen *Giannettino*-Musters (ohne dessen stringente Anlage als Bildungsgeschichte). Große Verbreitung sollte auch dieses Buch finden.[22]

1880 erschien dann der erste Teil eines Werkes, der wiederum Giannettino zum Helden hatte und ihn – nach erfolgreicher Wandlung zum »braven Jungen« – auf einer Art von Bildungsreise durch Italien zeigt. Das Buch trägt den Titel *Il viaggio per l'Italia di Giannettino* (»Giannettinos Reise durch Italien«)[23] und steht in der Tradition der im 18. Jahrhundert entstandenen »pädagogischen Reisen«, einer kinderliterarischen Gattung, die davon handelt, daß ein Erzieher mit seinen Schülern auf Reisen geht und ihnen an den aufgesuchten Orten landeskundliche und moralische Kenntnisse vermittelt.[24] Auch in Collodis Buch geht es um ein solches »pädagogisches Reiseverhältnis«: Giannettino wird von seinem Lehrer Boccadoro begleitet, der jetzt die Rolle des Mentors spielt. Mit der Eisenbahn, deren Netz inzwischen fast ganz Italien überzieht, durchqueren die beiden das Land von Friaul bis Sizilien. Die Besonderheiten einzelner Städte und Regionen – Baudenkmäler, Museen, Kirchen, Theater, Feste, regionale Speisen, historische Persönlichkeiten – werden vermittelt, teils in Erklärungen des Lehrers, teils in Gesprächsform, teils in Mitteilungen, die Giannettino seinem Freund Minuzzolo in Florenz macht. Auf diese Weise ist ein »Kinderreiseführer« entstanden, der nach Art eines Baedekers künstlerische und historische Sehenswürdigkeiten des Landes schildert. Eingestreut sind belehrende oder vergnügliche Erlebnisse der Reisenden.

Über den Charakter der Bildungsreise und der Landeskunde hinaus hatte Collodis italienischer Kinderreiseführer auch einen aktuellen politischen Sinn. Nach der Gründung des Königreichs Italien sollte das, was das *Risorgimento* politisch bewirkt hatte, auch im Bewußtsein der Bewohner der Halbinsel hergestellt werden: die Einheit des Landes. Schule und Kinderliteratur der Zeit waren diesem Ziel verpflichtet. In Collodis Buch sollte den Kindern einer jungen Nation im Bild einer Reise Charakter und Vielfalt der einzelnen, einander noch sehr fremden Landesteile nahegebracht werden. Die »pädagogische Reise« bekommt damit »nationalpädagogischen« Charakter.[25]

Auch das »Sprachproblem« spielt dabei eine wichtige Rolle. Boccadoro weist seinen jungen Schüler immer wieder darauf hin, wie man in den einzelnen Regionen des Landes spricht: in Bologna, Piemont, Mailand, Venedig, Genua, Neapel, Palermo und anderswo.[26] Aber auf Giannettinos Frage: »Wie spricht man in Florenz?« antwortet er unbefangen: »Das Volk von Florenz hat keinen Dialekt, die Florentiner sprechen alle die italienische Sprache.«[27]

Mit seinem *Giannettino* hatte Collodi eine Figur geschaffen, die der pädagogische Held auch der anderen Schulbücher des Autors wurde. In *La grammatica di Giannettino*, 1883 erschienen, lernt der Knabe, der es inzwischen zum Primus der Klasse gebracht hat, nicht nur die Regeln der Grammatik; er lernt auch, mundartliche von hochsprachlichen Wendungen zu unterscheiden und *parolacce*, Wörter im Gassenjargon, zu vermeiden.[28] In *L'abbaco di Gianettino* (»Giannettinos Rechenbuch«) kann das gelehrige »Hänschen« sein Wissen bereits weitergeben; es bringt Lello, dem Sohn eines Tischlers, die Grundrechenarten bei.[29] Und in *La geografia di Giannettino* (»Giannetinos Erdkundebuch«) unterrichtet der inzwischen Vierzehnjährige seine kleine Cousine Bianca, die mit der Lehrerin Schwierigkeiten hat, in Geographie.[30] Der Schulbuchverleger Paggi konnte mit seinem Autor zufrieden sein.

Collodi selber, Meister der Anspielung und des versteckten Spotts, hat seine Schul-Bestseller einmal in *Pinocchio* in einer

Art literarischer Kabarett-Nummer auftauchen lassen – als wollte er sich vom pädagogischen Ruhm entlasten (den er gerade dadurch natürlich noch weiter kultivierte): Im 27. Kapitel des Buchs erzählt er, wie Pinocchio mit seinen Schulkameraden eine Rauferei anzettelt, und –:

Die Knaben, erbost darüber, sich mit dem Holzbengel nicht im Nahkampf messen zu können, gedachten nun Wurfgeschosse einzusetzen, schnallten die Bündel mit ihren Schulbüchern auf und begannen die Fibeln, die Grammatikbücher, die Giannettini, die Minuzzoli, Thouars Erzählungen, *Baccinis* Pulcino *und andere Schulbücher gegen ihn zu schleudern, aber der Holzbengel, der aufgeweckt und gewitzt war, schlug jedesmal rechtzeitig einen Haken, so daß die Bände über seinen Kopf hinwegflogen und allesamt ins Meer fielen.*

Stellt euch die Fische vor! Die Fische, die glaubten, daß jene Bücher etwas zu essen wären, kamen in Schwärmen an die Wasseroberfläche; aber nachdem sie die eine oder andere Seite oder das eine oder andere Titelblatt probiert hatten, spuckten sie es sofort wieder aus und zogen dabei mit dem Maul eine bestimmte Grimasse, als wollten sie sagen: ›Das ist nichts für uns, wir sind viel bessere Speisen gewohnt‹. (XXVII)

Vielleicht ist der Hinweis auf die »besseren Speisen« auch als Anspielung auf jenes Buch zu verstehen, in dem sich die Textstelle findet: *Pinocchio.* Carlo Collodi ist, als die Buchausgabe 1883 erscheint, als Kinderbuchautor jedenfalls bereits ausgewiesen. Die Figur des natürlichen, gutwilligen, bildbaren, jedoch durch Spielfreude, Schulunlust und schlechte Einflüsse abgelenkten Kindes und dessen Weg zum *ragazzo perbene,* zum »braven, tüchtigen Jungen«, prägt sein Verständnis von Kindheit. Er ist pädagogischer Autor, schreibt im Kontext der aufblühenden Alphabetisierungsbewegung, aber er ist weit entfernt von der Naivität jener pädagogischen Schriftsteller der vorhergehenden Generationen, in deren aufgeklärtem Programm kein Platz war für die Differenz zwischen den Erwartungen der Erzieher und den Verweigerungen der zu Erziehenden. Collodi, von seinem Verleger ins pädagogische Metier gedrängt, hat sich viel Verständnis für die Rohform von Kindheit bewahrt (beziehungsweise das, was im Prozeß der Alphabetisierung zunehmend als »Rohform« in Erscheinung treten sollte). Er ist der Propagandist des »braven Jungen«, dessen Sympathien freilich den »bösen Buben« gelten: ein Widerspruch, der den *Pinocchio*-Roman von der ersten bis zur letzten Seite durchzieht.

Auch in seinen bildungspolitischen Auffassungen stand Collodi der Alphabetisierungsbewegung und ihrer Modellierung von Kindheit skeptisch gegenüber – obwohl er als Schulbuchautor de facto diese Bewegung förderte. In einem Artikel *Come studiavano i fiorentini?* (»Wie lernten die Florentiner?«), der 1881 in der Sammlung *Occhi e nasi* erschien und in den Zusammenhang der nostalgischen Rückbesinnung auf die Lebenswelt des »alten Florenz« gehört, schreibt er einen offenen Brief an den Erziehungsminister Coppino (den Promotor des Gesetzes der allgemeinen Schulpflicht), in dem er die Frage aufwirft, »ob die Pflicht für alle, wenigstens lesen und schreiben zu können, in Wahrheit ein Gut oder ein Übel ist«.[31] Er verspottet die Tendenz zur Verstaatlichung des Lernens und schließt mit einem Plädoyer für den Individualismus: *Rispettiamo gli analfabeti!* (»Respektieren wir die Analphabeten!«).[32]

In seinem Artikel *I nostri bambini* (»Unsere Kinder«) schwärmt er ebenfalls von den unverbildeten Florentiner Kindern von ehedem, beklagt das Verschwinden der Kindheit im Zusammenhang mit der modernen Lesekultur: »Wer hat die Kinder vom Angesicht der Erde vertilgt? Ich sage es euch: es ist die leidenschaftliche Lektüre der politischen Journale.«[33] Collodis Sympathie gilt dem *ragazzo di strada* (so der Titel eines anderen Artikels): dem schmutzigen, erfindungsreichen und liebenswerten Straßenjungen auf den Plätzen des alten Florenz.[34] Die Lehrer hingegen bedenkt er oft wenig freundlich: »Die Pädagogen und Schulmeister, diese dunklen, traurigen Wolken, die den heiteren Horizont der frühen Kindheit verdüstern« – so nennt er sie in einer Geschichte seiner Sammlung *Macchiette*[35].

Das Prinzip *sympathy for the devil*, die einfühlsame Darstellung kindlicher Andersartigkeiten, bestimmt auch die einige

Jahre nach *Pinocchio* erschienene Sammlung *Storie allegre* (»Heitere Geschichten«).[36] Eine von ihnen, *L'omino anticipato* (»Der kleine Gernegroß«), handelt von einem braven frühreifen Knaben, der den Erwachsenen spielen möchte und sich dadurch lächerlich macht. Es ist, so Collodi, »die Geschichte all jener Knaben, die vor der Zeit Männer scheinen wollen«[37], und damit ein Plädoyer für das »Eigene« des Kindes. Eine andere, *L'avvocatino* (»Der kleine Anwalt«), berichtet nach dem bekannten ironischen Modell von der »verkehrten Welt« über einen ungezogenen Jungen, der sich zum Verteidiger aller ungezogenen Jungen macht, indem er ein Buch mit dem Titel *Un ragazzo modello* (»Ein Musterknabe«) schreibt, dessen Held von der Mutter dafür gelobt wird, daß er sich nicht wäscht, und dessen Lehrer ihm für falsche Antworten gute Noten gibt.[38] Es ist der Typ des Musterknaben, dem wir auch in *Pinocchio* begegnen: unter den Kameraden des Holzbuben, die ihren inzwischen um Fleiß bemühten Mitschüler listig mit der klassischen Spitzbubenlogik konfrontieren:

– *Schämst du dich nicht, jeden Tag so pünktlich und fleißig beim Unterricht zu sein? Schämst du dich nicht, so viel zu lernen, wie du es tust?*
– *Und wenn ich lerne, was geht es euch an?*
– *Es geht uns sehr viel an, weil du uns zwingst, beim Lehrer eine schlechte Figur zu machen.*
– *Warum?*
– *Weil die Schüler, die lernen, immer jene blamieren, die, wie wir, keine Lust zum Lernen haben. Und wir wollen uns nicht blamieren. Auch wir haben unseren Stolz (XXVII).*

Nach Abschluß der *Giannettino*-Serie für die Schule und nach den *Storie allegre* kam Collodi, nun schon über 60jährig, mit zwei »Geschenkbüchern«[39] und einer Fortsetzung des *Giannettino* heraus: *La lanterna magica del Giannettino*[40]. Es richtet sich nicht mehr an Knaben, sondern an jugendliche Leser, und Giannettino, der Elementarschüler von einst, ist nun selber ein Lehrer geworden, ein »Hilfslehrer«, der einen älteren Schulmeister beim Unterrichten unterstützt, nachdem sich dieser über Unaufmerksamkeit und Flatterhaftigkeit seiner Schüler beklagt hat. Giannettino versteht es jetzt, die Schüler für das Lernen zu gewinnen, indem er sich eines neuen technischen Hilfsmittels bedient. Mit einer Laterna magica führt er ihnen große Persönlichkeiten der italienischen Geschichte vor Augen, die mit ihrer Biographie dafür Zeugnis ablegen sollen, daß man es mit Strebsamkeit, Fleiß, Ausdauer und kluger Einteilung der Zeit zu etwas bringen kann. Der Reigen beginnt mit dem aufgeweckten Hirtenknaben Angiolotto im Mugello-Tal, aus dem einmal der große Giotto werden sollte, und endet bei Giuseppe Garibaldi, dem *bravo figliuolo* aus Nizza, der, obgleich ohne Lehrer aufgewachsen, zu lernen verstand und »in den kurzen Augenblicken der Ruhe mit unsäglicher Wollust den Ariost las oder sich in der Mathematik derartig befleißigte, daß er während seines Aufenthalts in Montevideo zum Unterhalt seiner kleinen Familie dadurch beitragen konnte, daß er Unterricht in Geometrie und in italienischer Sprache gab«.[41] In Giannettinos Laterna magica erscheinen die Heroen der italienischen Geschichte als Helden des Lernens. Der bürgerliche Kindheitsroman – die Verwandlung des Rohstoffs Natur in den tüchtigen Menschen und braven Bürger – wird zurückprojiziert in die Lebensgeschichten der großen Künstler, Schriftsteller und Politiker des Landes. Und noch einmal verbinden sich in Collodis letztem Buch Pädagogik, Patriotismus, Modernismus und der Blick für das widerspenstige Kind.

Nachdem Giannettino mit seiner Laterna magica an einer Stelle des Buches den Frühaufsteher-Knaben George Buffon (einen der wenigen Nicht-Italiener der Serie) vorgestellt hat, meldet sich ein Bauernjunge und sagt dem Lehrer:

Um es Ihnen zu sagen, lieber Herr Giannettino, ich hätte sehr gern gelernt, aber ach! wie sollte ich es machen? Stellen Sie sich vor, mein Vater ist arm, und daher wollte er, daß ich Gemüsehändler werde wie er, und so schickte er mich nicht in die Schule, sondern jeden Morgen auf den Markt in Florenz, um Salat, Zwiebeln und frischen Radicchio zu verkaufen – einen Radicchio, sage ich Ihnen, der einem auf der Zunge zergeht …

Aber auch dieser Junge – eine typische Figur der zeitgenössischen Realität Italiens – bekommt zu hören, und mit ihm die anderen Schüler: »Es ist nie zu spät, zu studieren und zu lernen, und wenn ihr es schon mir nicht glauben wollt, dann fragt jenen Jungen, den ihr gleich im Auge meiner Laterna magica sehen werdet.«[42] Und Giannettino zeigt den Kindern ein Bild von Vittorio Alfieri.

Wirksamer freilich als in allen diesen Bildern und eindrücklicher als mit dem modernen Mittel der Laterna magica hat Carlo Collodi den Kindheitsroman von der Wandlung des widerspenstigen Kindes zum *ragazzo perbene* in seinem »unfreiwilligen Meisterwerk« erzählt: *Pinocchio.*

Ein Roman in Serie. Die Entstehungsgeschichte des Pinocchio

Eine Geschichte in Fortsetzungen – Das Gesetz der Serie und der Stil der literarischen Moderne – Der Tod an den Zweigen der Großen Eiche – Pinocchio darf nicht sterben – Die Verwandlung der Fee – Vom moralischen Exempel zum Kindheitsroman.

Carlo Collodi war, als er Ende 1880 die Arbeit an *Pinocchio* begann, als ein Autor für Kinder also schon ausgewiesen. Allerdings verdankt das Buch seine Entstehung noch anderen Bedingungen als denen der pädagogischen Provinz. Es ist ein Kind des Feuilleton-Journalismus. *Pinocchio* wurde als Fortsetzungsgeschichte für eine neu gegründete Kinderzeitschrift, das *Giornale per i bambini*, geschrieben.[1]

Auch das *Giornale per i bambini* gehört in den Zusammenhang der liberalen intellektuellen Bemühungen um die Begründung einer neuen literarischen Kultur im postrisorgimentalen Italien. Es erschien als Donnerstags-Beilage (der Donnerstag war in Italien schulfreier Tag) der 1870 in Florenz gegründeten, seit 1871 in Rom verlegten Tageszeitung *Fanfulla*, die ab 1879 auch mit einer literarischen Sonntags-Beilage für die Erwachsenen, der *Fanfulla della Domenica*, herauskam. Das *Giornale* hatte, so später der Redaktionssekretär Guido Biagi, eine Verkaufsauflage von 25 000 Exemplaren und wollte »den Jugendlichen eine vergnügliche und lehrreiche Lektüre bieten und die bekanntesten Schriftsteller dazu bewegen, sich zu ihnen hinabzulassen (…). Alle politischen Journale brachten zusammen mit dem Inhaltsverzeichnis der *Fanfulla della Domenica* auch jenes des *Giornale per i bambini* und in beiden Inhaltsverzeichnissen praktisch die gleichen Namen.«[2] Die neue Kinderzeitschrift wurzelte also im politisch-literarischen Umfeld der »Erwachsenenkultur«, und die besonderen Bedingungen des Feuilleton-Journalismus prägten den literarischen Charakter von Collodis Erfolgsroman.

Der Autor beginnt die Serie, ohne Fortgang und Ziel der Handlung schon fertig vor Augen zu haben. Die Produktion ist relativ offen für neue Einfälle, Anregungen und Abschweifungen; aber auch Unstimmigkeiten und Widersprüchlichkeiten schleichen sich ein, zumal nach längeren Unterbrechungen der Arbeit. Dem Leser des *Pinocchio* wird etwa die unterschiedliche Charakterisierung der Fee auffallen: Zu Beginn (XV) ist sie ein Mädchen, später trägt sie deutlich mütterliche Züge. Der Fortgang eines Serienromans ist ferner sehr vom Erfolg, dem »Ankommen« der Geschichte bei den Lesern, abhängig. Zustimmende Stellungnahmen können den Autor ermuntern, in ähnlicher Weise fortzufahren, er kann Anregungen aufgreifen und einarbeiten. Die Figuren der Handlung müssen auch nach längerer Lesepause leicht wiedererkennbar sein; stereotype Charakterisierungen (»die Fee mit den blauen Haaren«) dienen diesem Zweck. Im Zweifelsfall muß das Gedächtnis des Lesers aufgefrischt, muß er an Zurückliegendes erinnert werden. Schließlich konstituiert sich die Handlung eines Serienromans durch einzelne, in sich abgeschlossene Sequenzen, die dennoch auf eine Fortsetzung hin offen sein und auf sie neugierig machen müssen.

Damit ist das wesentliche Strukturmerkmal des *Pinocchio*-Romans benannt: Ein relativ locker geknüpfter Handlungsfaden – die Holzpuppe will ein Menschenkind werden – hält beim Leser die Spannung auf die Fortsetzung der Geschichte aufrecht und ermöglicht es dem Autor, in bunter Folge Einzelabenteuer unterschiedlicher thematischer Herkunft aneinanderzureihen. Wie jede serielle Geschichte ist *Pinocchio* im Grunde eine Geschichte ohne Ende, und die besondere Qualität des Buchs rührt daher, daß es in seiner literarischen Technik der Struktur der modernen Unterhaltungsmedien verpflichtet ist (wie sie sich heute etwa in den Fernsehserien findet). *Pinocchio* ist folglich ein Kinderroman, in dem sich ein pädagogischer Erzähler konsequent der im Zeitungsjournalismus geforderten Schreibweisen der literarischen Moderne bediente. (Aus dem zeitgenössischen Deutschland sei hier an Wilhelm Buschs Bildgeschichten erinnert, die im Medium der »Fliegenden Blätter« einem ähnlichen Modernismus verpflichtet waren.)

Collodi hat an seiner Fortsetzungsgeschichte über einen Zeitraum von mehr als zwei Jahren geschrieben. Der Beginn der Produktion fällt in das Jahr 1880, das *Giornale per i bambini* war in Vorbereitung, und der Redaktionssekretär Biagi wird sich später erinnern: »Collodis Faulheit wurde durch mein freundschaftliches Drängen besiegt, und eines schönen Tages, als ich die erste Nummer der Zeitschrift vorbereitete, kam ein Bündel Blätter an, betitelt *La storia d'un burattino,* samt einem Brief, in dem es hieß: ›Ich schicke dir diese Kinderei, mach damit, was dir gut dünkt, aber wenn du sie druckst, dann zahl sie mir gut, damit ich auch Lust habe, sie fortzusetzen.‹«[3]

Biagis Anekdote – im locker-ironischen Plauderton, wie er unter den Freunden üblich war – sollte für die Interpretation des *Pinocchio* nicht überstrapaziert werden. Daß Collodi die Geschichte als »Kinderei« *(bambinata)* auffaßte, heißt nicht, daß er sie weniger ernst nahm als seine anderen Schreibaufträge. Auch konnte er sicher sein, daß sie gedruckt wurde. Schon am 12. Dezember 1880 hatte sich Biagi bei Collodi für eine erste Zusendung bedankt: »Der *burattino* ist sehr gut, ich erwarte den Rest mit Neugier.«[4] Und auch mit der Bezahlung stand es nicht schlecht: Collodi bekam ein Zeilenhonorar von 20 Centesimi.[5]

La storia di un burattino (»Die Geschichte einer Puppe«): Unter diesem Titel erschienen die beiden ersten Kapitel der Geschichte am 7. Juli 1881 im ersten Heft des *Giornale per i bambini,* eine Woche später folgte das dritte Kapitel mit den Schlußsätzen: »Was dann passierte, ist eine unglaubliche Geschichte, und ich werde sie euch ein anderes Mal erzählen. C. Collodi.«[6] Die verheißungsvolle Ankündigung ließ nicht ahnen, daß der Autor nach dem dritten Kapitel »mit aller Wahrscheinlichkeit noch nicht wußte, wie er die Geschichte im einzelnen weiterentwickeln sollte«.[7] Überhaupt scheint Collodi »die für das *Giornale per i bambini* übernommene Verpflichtung nicht allzu ernst genommen zu haben«.[8] Immer wieder muß die Redaktion im weiteren Verlauf mahnen und auf Fortsetzung drängen, und oft genug »schickt Collodi neue Fortsetzungskapitel, ohne die alten wenigstens vorher noch einmal gelesen zu haben«.[9] »Ich empfehle mich dir wegen der Fortsetzung, die schrecklich notwendig ist, weil man die Jungen nicht mit hungrigen Mäulern sitzen lassen kann. Wann kommt also dieser *burattino*?« – so drängt etwa Biagi in einem Brief vom 5. Juli 1881.[10] Auch der Redaktionsbriefkasten des *Giornale* wird angeblich mit Leseranfragen nach der Fortsetzung der Geschichte bestürmt.[11]

Sie entwickelt sich dann in unterschiedlichen Folgen von einem bis zu drei Kapiteln und mit kürzeren Pausen bis zum 27. Oktober 1881.[12] Mit dem dann abgedruckten 15. Kapitel sollte die Erzählung zu Ende sein. Die Mörder haben Pinocchio an den Zweigen der Großen Eiche aufgehängt, er fühlt den Tod nahen, und sterbend gilt sein letzter Gedanke dem Vater: »›O mein Vater, wenn du hier wärest!‹ Dann hatte er keinen Atem mehr, um noch etwas zu sagen. Er schloß die Augen, öffnete den Mund, streckte die Beine aus, machte noch eine heftige Zuckung und blieb dann wie erstarrt.« (XV)

So sollte die Geschichte ursprünglich enden: mit dem Tod des frechen Holzbengels an den Zweigen der Großen Eiche, einem Ende im Stil der moralischen Exempelgeschichte. Aber Pinocchio durfte nicht sterben, sei es, weil die kleinen Leser durch das brutale Ende des Helden vor den Kopf gestoßen worden wären, sei es, weil eine erfolgreiche Seriengeschichte die Notwendigkeit ihrer Fortsetzung – ökonomisch und literarisch – immer schon in sich trägt. (Bekanntlich durfte auch Conan Doyles Meisterdetektiv Sherlock Holmes nicht sterben, der Autor mußte ihn auferstehen lassen.) Schon zwei Wochen später jedenfalls konnten die Leser der Zeitschrift, eingerückt in die Rubrik *La Posta dei bambini,* folgende Mitteilung des Chefredakteurs, Ferdinando Martini, finden: »Eine gute Nachricht. Herr Carlo Collodi schreibt mir, daß sein Freund Pinocchio noch immer am Leben ist und daß er euch von ihm noch schöne Sachen erzählen wird. Es war klar: Eine

Puppe, ein Ding aus Holz wie Pinocchio hat harte Knochen und ist nicht so leicht ins Jenseits zu befördern. Also sei unseren Lesern mitgeteilt: Wir werden schnellstens mit dem zweiten Teil der *Storia d'un burattino* beginnen, betitelt *Le avventure di Pinocchio.*«[13]

Die »Wiederbelebung« des an den Zweigen der Großen Eiche hängenden *burattino* machte erzähltechnisch keine besonderen Schwierigkeiten. Als der Roman später in Buchform erschien, genügte ein kurzer Einschub in die abschließenden Sätze des 15. Kapitels, um den Leser darauf vorzubereiten, daß Pinocchio in Wirklichkeit nicht sterben muß: »... und er stammelte, fast schon im Sterben ...«, heißt es jetzt von Pinocchios letztem Gedanken an den Vater. Und das 16. Kapitel fährt fort: »Während der arme Pinocchio, von den Mördern an einem Zweig der Großen Eiche aufgehängt, mehr tot als lebendig schien, zeigte sich das schöne Mädchen mit den blauen Haaren von neuem am Fenster ...« (XVI) Auch sie, die geheimnisvolle Tote, die im weißen Waldhaus ihren Sarg erwartete, ist wieder unter die Lebenden zurückgekehrt. Gleichzeitig reüssiert sie jetzt von einer Randfigur des ersten zu einer tragenden Rolle des zweiten Teils der Geschichte. Der Erzähler enthüllt nun ein wie mit Absicht zunächst verborgen gebliebenes Geheimnis ihrer Person: »Denn man muß wissen, daß das Mädchen mit den blauen Haaren in Wirklichkeit niemand anderes war als eine gütige Fee, die seit mehr als tausend Jahren in der Gegend jenes Waldes wohnte.« (XVI)

Was auf diese Weise erzähltechnisch geschickt verfugt wirkt, ist im Handlungsverlauf allerdings noch immer die große Zäsur des *Pinocchio*-Romans. Denn mit der Fortsetzung der »Abenteuer einer Holzpuppe« ändert sich nichts weniger als der Charakter des Helden. In den ersten 15 Folgen erscheint Pinocchio ausschließlich als der freche ungehorsame Bengel, der den Vater verhöhnt und hintergeht, der vor der Schule und den Pflichten des Lebens davonläuft und dafür schließlich mit dem Tode bestraft wird. In der Fortsetzung hingegen kommt eine neue Tendenz in die Geschichte. Pinocchio, die Holzpuppe, will ein Kind aus Fleisch und Blut werden, ein *ragazzo perbene,* ein braver Junge. Damit gewinnt die Figur eine neue Spannung, und die Geschichte entwickelt sich durch Eskapaden und abenteuerliche Verwicklungen hin zur »Menschwerdung« Pinocchios. Mit der Verwandlung des schönen toten Mädchens in die mütterliche Fee wird dafür im zweiten Teil die für diesen Prozeß notwendige Figur der »guten Gegenspielerin« eingeführt. Sie, die *bonissima fata,* wird Pinocchio auf dem Weg vom Naturstoff zum Menschenkind begleiten. Aus dem moralischen Exempel wird der Kindheitsroman.

Die von der Redaktion »schnellstens« angekündigte Fortsetzung der Abenteuer des Pinocchio ließ allerdings drei Monate auf sich warten. Eine Woche vor der Ausgabe des *Giornale* vom 16. Februar 1882 war noch einmal ein redaktioneller Hinweis erschienen: »Eine gute Nachricht. Ihr erinnert euch an den armen *burattino,* den Herr Collodi an jenen Baum geknüpft zurückließ und der tot zu sein schien? Wie gut, daß uns gerade eben dieser Herr Collodi schreibt, um uns mitzuteilen, daß Pinocchio nicht tot ist, sondern lebendiger denn je, und daß ihm schier unglaubliche Dinge widerfahren sind. Und er wird euch rasch alles in einem Zug in den *Avventure di Pinocchio* erzählen, deren Abdruck wir in der nächsten Ausgabe beginnen.«[14] In dieser leitet der Autor dann die Fortsetzung mit einem kleinen *Preludio* ein, aus dem wir auch etwas über das Lesepublikum erfahren, an das Collodi dachte: »All jene kleinen und großen Kinder (ich sage das, weil es in dieser Welt Kinder aller Größen gibt), noch einmal also, all jene kleinen und großen Kinder, die zufällig die *Avventure di Pinocchio* lesen wollen, werden gut daran tun, einen Blick auf das letzte Kapitel der *Storia d'un burattino* zu werfen.«[15]

Die vorhergegangene Ankündigung der Redaktion, die Abenteuer Pinocchios würden jetzt »in einem Zug« erzählt, läßt vermuten, daß der Autor vorgearbeitet hatte. Und in der Tat erscheinen die weiteren Folgen (Kapitel 16–23) regelmäßig, Ausgabe für Ausgabe, bis zum 23. März 1882. Dann stockt die Fortsetzung, und die Leser müssen fünf Hefte lang warten, bis sie erfahren, was mit Pinocchio, der sich ins Meer gestürzt hat, um seinen Vater zu retten, weiter geschieht. Vermutlich wußte es der Autor selber noch nicht. Nach fünf weiteren Folgen (Kapitel 24–29) stockt der Erzählfluß von neuem, diesmal für längere Zeit. »Es vergehen beinahe sechs Monate, bis Collodi den Erzählfaden wieder aufnimmt. Vielleicht ist es wahr, was Marino Parenti schreibt: ›... er hatte keine Lust mehr, vielleicht dachte er daran, Schluß zu machen und Zeitschrift und *burattino* aufzugeben.‹ Noch einmal müssen Biagi und Martini alles aufbieten, um den widerstrebenden Autor zu ermuntern, und vielleicht stimmt es auch, daß die flehentlichen Briefchen, die von seiten der kleinen Leser dem *Giornale* zukamen, wirklich einiges Gewicht hatten. Selbst auf die Versuchung hin, vielleicht einem allzu einfachen Psychologisieren zu erliegen, ist man doch geneigt festzustellen, daß sich Collodi instinktiv geweigert hat, die Erzählung nach dem Muster zu vollenden, dem zu folgen er sich verpflichtet hatte: mit der endgültigen Verwandlung des *burattino* in einen ›braven Jungen‹, einen ›wie alle anderen.‹«[16]

Die Vermutung der Herausgeberin der Krititschen Ausgabe erscheint mir keineswegs abwegig, auch wenn das »Psychologisieren« – Collodis Sympathie mit dem widerspenstigen Kind – nur die subjektive Seite der Schwierigkeiten andeutet, den Roman zu vollenden. Die gleichsam »objektive« ist in der literarischen Struktur begründet, welche die Geschichte inzwischen gewonnen hatte. Während nämlich das moralische Exempel mit der Bestrafung des Bösewichts die »positive Lösung« der Geschichte gerade in ihrem Schluß findet, bedeutet für den Kindheitsroman der Schluß nichts anderes als das Ende der Illusion: der Illusion nämlich, es könnte dem literarischen Kinder-Helden das Schicksal erspart bleiben, erwachsen werden zu müssen.

Mit dem 29. Kapitel scheint in der Tat dieses Ende in greifbare Nähe gerückt: Pinocchio »hatte die Ehre, bei den Prüfungen vor den Ferien der tüchtigste Junge der Schule zu sein, und sein allgemeines Betragen wurde als so löblich und zufriedenstellend beurteilt, daß die Fee ganz zufrieden zu ihm sagte: ›Morgen wird endlich dein Wunsch erfüllt werden.‹ –

›Welcher?‹ – ›Morgen wirst du aufhören, eine hölzerne Puppe zu sein und wirst ein braver Junge werden, einer wie alle anderen.‹« (XXIX)

Pinocchios »Wunsch« konnte der Wunsch der Leser natürlich nicht sein, und so hatte ihnen der Autor schon mit einem verheißungsvollen »Aber –« den Mund auf weitere Abenteuer ihres Helden wässerig gemacht. Das »Aber« deutete an, daß sich die Handlung noch einmal in Bewegung setzen, daß das unvermeidliche Ende noch einmal hinausgezögert wird. Collodi erfindet jetzt den letzten und phantastischsten Versuch Pinocchios, sich an der Schwelle der Menschwerdung seinem Schicksal zu entziehen. Noch einmal läßt er sich verführen, bricht er aus der vorbestimmten Bahn aus. Sein Freund Lucignolo verlockt ihn zur großen Reise in das geheimnisvolle »Land der Spiele«. Damit beginnt am 23. November 1883 das 30. Kapitel der Erzählung, ein neuer, dritter Teil des Romans. Wieder schickt der Autor einen kurzen Vorspann vorweg, um – nach der Unterbrechung von sechs Monaten – das Gedächtnis der Leser aufzufrischen (wobei ihn allerdings schon sein eigenes Gedächtnis an das damals Geschriebene im Stich läßt).[17] In sieben weiteren Folgen bringt Collodi bis zum 25. Januar 1883 die Geschichte schließlich zu Ende.

Zu diesem Zeitpunkt hatte er auch bereits den Vertrag über die Buchpublikation des Romans abgeschlossen (12. Dezember 1882). Sie erschien – in revidierter Textfassung, mit teilweise neuer Kapitelgliederung[18] und den Illustrationen von Enrico Mazzanti – im Februar 1883 in Collodis Florentiner Verlag Paggi unter dem Titel *Le avventure di Pinocchio. Storia di un burattino.* Der Erstausgabe folgten 1886, 1887 und 1888 drei weitere Auflagen bei Paggi, eine 5. Auflage erschien, kurz vor Collodis Tod, bei dem Konzessionär des Verlags, Bemporad e Figlio. Das war kein schlechter, aber auch kein besonders guter Erfolg des Buchs. Er entsprach etwa demjenigen der anderen Werke des Autors in der Reihe der *Biblioteca Scolastica.* Besondere Aufmerksamkeit scheint der Roman nach seinem Erscheinen nicht gefunden zu haben.[19] Es war eben ein Kinderbuch – eine »Kinderei«, wie Collodi selbstironisch bemerkt hatte.

Pino, Pinolo, Pinocchio. Vom Zauber der Namen

Eine ganze Pinocchio-Familie – Pinie, Pinienholz, Pinienkern – Pinocchina, Pinocchiata, Pignoleria – Pinocchiologen und Pinocchiaden – Burattino, Buratto, Burattinaio – Handpuppe, Marionette, Wunderpuppe.

Pinocchio entsteht mit seinem Namen.

»Sofort, nachdem er ins Haus getreten war, nahm Geppetto seine Werkzeuge und machte sich daran, an seiner Holzpuppe zu schnitzen und zu arbeiten. ›Welchen Namen soll ich ihm geben?‹, sagte er zu sich selbst. ›Ich will ihn Pinocchio nennen. Dieser Name wird ihm Glück bringen. Ich habe eine ganze Pinocchio-Familie gekannt: Pinocchio der Vater, Pinocchia die Mutter und Pinocchi die Kinder, und allen ging es gut. Der reichste unter ihnen bettelte um Almosen.‹« (III)

Danach freilich, so scheint es, könnte die kleine Holzpuppe ebensogut jeden anderen Namen haben: Die Ironie der »Begründung« des Namens liegt darin, daß sie keine ist. Und doch wäre die Figur ohne gerade diesen Namen eine andere. Die zahlreichen Assoziationen, die sich mit ihm verbinden, gehen mit der Übertragung des Buchs in andere Sprachen verloren und sollen daher etwas genauer in Augenschein genommen werden. *Nomen est omen.*

»Der reichste unter ihnen bettelte um Almosen«: Schon bei Geppettos »Begründung« für die Wahl des Namens *Pinocchio* ist versteckter Wortwitz im Spiel: *Un pidocchio,* »eine Laus«, sagt man umgangssprachlich in der Toskana für ein »armes Schwein«, *pidocchioso* ist ein »lausiges«, schäbiges Äußeres. Pinocchio selber hieß im toskanischen Sprachgebrauch der Zeit Collodis »Pinienkern« oder, exakt nach dem großen Wörterbuch von Tommaseo-Bellini (1871):

»*Pinocchio:* Same der Pinie, eingeschlossen in einer Schale oder einem Kern, gleichfalls *pinocchio* geheißen, weil er in sich den *pinocchio* hat.«[1]

Tommaseo-Bellini führen eine Reihe von toskanischen Varianten des Wortes auf: In Pistoia sage man zu »Pinienkern« *pinoccolo*, in Siena *pinottolo*, in Florenz *pinolo*, in Arezzo *pignolo*, in Lucca *pinello*, in anderen Dialekten *pignuolo*. Auch die *pinocchio*-Diminutiva *pinocchietto* und (sofern die Kerne als Kanarienfutter Verwendung fanden) *pinocchino* waren bekannt.

Der Variantenreichtum zeigt, daß von der Sache selber viel die Rede war. Kein Wunder, denn die Kerne der Pinienzapfen, die sich öffnen, sobald sie am Feuer erwärmt werden, wurden – und werden – in der toskanischen Küche zur Herstellung von feinen Süßspeisen benutzt. Sie heißen *pinocchiate* oder *pinocchiati*[2], und der Händler, bei dem man die Kerne kauft, ist der *pinocchiaio*.

Aber die »ganze Pinocchio-Familie« der italienischen Sprache hat noch andere Mitglieder. *Pinocchina* sagte man zu Collodis Zeiten umgangssprachlich in Florenz – in Anspielung an die Form des Pinienzapfens – zu einem »kleinen, aber fetten Hühnchen« und – nochmals übertragen – zu einer »kleinen, aber dicklichen und gut proportionierten Frau«[3].

Pignolo (also wie der Pinienkern in Arezzo) heißt ferner, als Adjektiv gebraucht, soviel wie »kleinlich, pedantisch«, *la pignoleria* ist (in dieser Bedeutung heute gesamtitalienisch) die »Kleinkrämerei«, die »Pedanterie«.

Pinocchio ist also im Italienischen keineswegs, wie im Deutschen, ein »exotischer« Name, sondern lokal vertraut und regt zu einer Fülle von Assoziationen an. Auch die lautliche Bildung macht, neben der semantischen, das Wort beziehungsreich. Aus *pino* (»Pinie«) und *occhio* (»Auge«) zusammengesetzt, erinnert es im Klang an Wörter wie *pidocchio*, *ginocchio* (»Knie«) oder *finocchio*, was nicht nur »Fenchel«, sondern umgangssprachlich auch »Schwuler« bedeutet – eine Assoziation, die in Italien in den siebziger Jahren zu einer entsprechenden Interpretation des Romans führte.[4]

Und natürlich gehören *pinocchio* und *pino* zusammen, der »Pinienkern« zum »Pinienbaum«, der aus Holz ist wie der hölzerne Bengel der Geschichte, und der die *pine* trägt, die »Pinienzapfen« samt ihren Kernen, beide bekannt wegen ihrer sprichwörtlichen Härte. *Duro come le pine,* »hart wie Pinienzapfen«, sagt die italienische Redensart, und *Ha denti da schiacciarci i pinoli,* »er hat Zähne zum Pinienkerne knacken«. Aus diesem Holz ist, sprachlich, auch Pinocchio gemacht.

Pino und *Pina* sind schließlich im Italienischen weit verbreitete Eigennamen: die Kurzformen von »Giuseppe« und »Giuseppina«.

Was den »Kerl aus Holz« betrifft, so ist daran zu erinnern, daß auch im Deutschen der *Bengel,* der »böse Bube«, ursprünglich der Holzknüppel gewesen ist. Mit der Härte, Widerstandsfähigkeit und Fühllosigkeit, die diesem Material zugeschrieben werden, verbindet sich zugleich die Vorstellung, daß da einer »aus anderem Holz geschnitzt« sei als andere Menschen.

Die Geburt von Geppettos Bengel hat übrigens auch die italienische Pinocchio-Sprachfamilie verändert. Wer heute in der Toskana den »Pinienkern« meint, sagt nicht mehr, wie zu Collodis Zeiten, *pinocchio,* sondern *pinolo.* Der Romanheld hat also inzwischen den Namen ganz für sich allein beansprucht, er ist – wenn man den semantischen Wandel so deuten darf – populärer als der alte »Pinienkern« geworden.

Gleichzeitig hat *Pinocchio,* der Romanheld also, einige neue Denominationen entstehen lassen, wenngleich sich diese eher auf das intellektuelle Milieu beschränken. Da gibt es, vor allem rund um die »Fondazione Nazionale ›C. Collodi‹«, die wissenschaftliche Nationalstiftung Italiens zur Erforschung des Werkes von Collodi, die *Pinocchiologhi,* die »Pinocchiologen«, also jene Professoren, die ihr Geschäft ebenso ernsthaft betreiben wie »Musikologen« oder »Dermatologen« das ihre. Sie richten das Augenmerk ihrer Untersuchungen auf die *pinocchierie,* die »Pinocchiaden«, also die Streiche Pinocchios. Die wiederum können vom Charakter her als *pinocchiesco,* »pinocchiesk«, bezeichnet werden, ähnlich wie andere Merkmale, die an den Romanhelden erinnern, die lange Nase beispielsweise.

Ein reiches Assoziationsfeld eröffnet Collodis Romanheld nicht nur mit seinem Eigennamen, sondern auch mit jenem charakteristischen Begriff, der Pinocchio gleichsam als »Gattungsbezeichnung« beigegeben ist und dessen Wiedergabe in den deutschen Versionen des Buchs zu zahlreichen Variantenbildungen geführt hat: *burattino. Storia di un burattino,* »Geschichte eines *burattino*«, lautet der Untertitel des Romans, und als *burattino* wird sein Held beständig apostrophiert.

Der *burattino* – das Wort ist seit der Renaissance belegt – war die Puppe des Puppenspielers, des *burattinaio,* und zwar zunächst nicht die Marionette, sondern die Handpuppe. In diesem Sinne definiert auch Yoricks 1883 in Florenz erschienene »Storia dei burattini« – hinter dem englischen Pseudonym verbirgt sich ein Freund und journalistischer Kollege von Carlo Lorenzini-Collodi – in Abgrenzung gegenüber anderen Figuren des Puppentheaters *(fantocci, fantoccini, pupi, pupazzi, marionette):*

»Was das Wort *burattino* betrifft, so gebrauchen wir (– in der Toskana, D. R.) es, um jene Figuren zu bezeichnen, die zum szenischen Spiel bestimmt sind und aus einem Kopf und zwei Händen bestehen, ohne Körper, zusammengehalten durch eine Art großen Umhang, in welchem sich die Hand des Puppenspielers verbirgt, der sie von unten spielen läßt.[5]«

Das Wort ist abgeleitet aus *buratto,* der Bezeichnung eines in der Toskana heimischen groben Stoffs, der als Bespannung für die Rahmen der Mehlsiebe Verwendung fand.[6] *Parlare come un buratto,* »wie ein Mehlsieb reden«, sagte man sprichwörtlich von einem Plappermaul, das nichts bei sich behalten kann. *Burattino* konnte, nach diesem Stoff, neben der Puppe des Puppenspielers auch eine *bersaglio*-Figur heißen, die zurückschnellte, sofern man sie im Schlag verfehlte. Auch als Eigenname von Schauspielern der Zanni-Figuren in der *Commedia dell'arte* taucht *burattino* schon im 16. Jahrhundert auf.[7]

Das Wort aus der Tradition des Volkstheaters hat sich also von der spezifischen Bedeutung »Handpuppe« allmählich entfernt. Auch im toskanischen Sprachgebrauch der Zeit Collodis ist *burattino* nicht mehr auf diese – die niedrigste – Gattung des Figurentheaters beschränkt, sondern kann auch andere Spielfiguren des populären Figurentheaters bezeichnen, darunter die besonders beliebten Marionetten.[8]

Collodi hat den Begriff *burattino* in einem sehr unspezifischen Sinn in seinen Roman eingeführt, und es ist nicht zuletzt die »Sorglosigkeit«, mit der er ihn verwendet, die der körperlichen Erscheinung seiner Pinocchio-Figur das Schillernde und Rätselhafte gegeben hat, das für die Erzählung charakteristisch ist. Ob Meister Geppetto bei dem *burattino*, den er sich schnitzt, an eine »Handpuppe«, eine »Marionette« oder an eine der anderen Figuren des populären Figurentheaters seiner Zeit gedacht hat, bleibt durchaus offen:

»Ich habe daran gedacht, mir einen schönen *burattino* aus Holz zu machen, aber einen wunderbaren *burattino*, der tanzen, fechten und Salto mortale schlagen kann. Mit diesem *burattino* will ich durch die Welt ziehen, um mir ein Stück Brot und ein Glas Wein zu verdienen – was hältst du davon?« (II)

Geppetto will also Puppenspieler, *burattinaio*, werden. Aber mit nichts als einer einzigen Puppe? Doch damit wächst die Figur schon in der Vorstellung ihres Schöpfers über das Format einer »gewöhnlichen« Spielpuppe hinaus. Ein *burattino meraviglioso*, eine Wunder-Puppe soll es werden, die mehr kann als alle anderen, normalen Puppenspielerpuppen.

Und das ist Pinocchio auch geworden. Er ist ein Abkömmling der Jahrmarktsbuden, aber er wird alle seine Vorgänger in den Schatten stellen.

Rebellisches Holz, grotesker Leib. Pinocchios Körper und die Traditionen der Volkskultur

Es war einmal ein Stück Holz ... – Resistenz und Verwandlungsfähigkeit der Puppe – Pinocchio, ein Kind des Volkstheaters – Das Puppenspiel in Italien – Pinocchio und der groteske Körper – Die Nase – Die Ohren – Das Lachen und das Grimassieren – Kontinuität von Volkskultur und Kinderkultur – Pinocchio als phantastischer Reiseroman – Die Reise ins »Land der Spiele« und die Tradition der utopischen Reise.

»Es war einmal ... ›Ein König!‹, werden sofort meine kleinen Leser sagen. – ›Nein, Kinder, falsch. Es war einmal ein Stück Holz. Es war kein edles Holz, sondern ein einfaches Stück Brennholz ...‹« (I)

Der Reiz der Pinocchio-Figur hängt an dem Stoff, aus dem sie gebildet wurde. Pinocchio ist nicht aus Fleisch und Blut wie die »kleinen Leser«. Pinocchio ist aus Holz, aus einem »einfachen Stück Brennholz«. Der Anfang des Romans konterkariert und übertrumpft zugleich den klassischen Märchenanfang: die Erzählung wird von nichts als einem Stück Holz handeln, darin besteht das Märchen. Die beiden märchenhaften Grundeigenschaften dieses Pinocchio-Holzes sind seine Resistenz und seine Verwandlungsfähigkeit.

Beides sind auch die Grundeigenschaften, die kindliches Spielgerät haben muß. Die Puppe wird in die Ecke geschleudert, mit Füßen getreten, verbrannt, ersäuft. Alle Katastrophen, die das Kind an sich selbst bewältigen muß, kann die Puppe stellvertretend erleiden – aber gegenüber allem erweist sie sich als resistent, als ein Stück jener unzerstörbaren Existenz, die Leben heißt: Untergang und Wiederauferstehen.

Pinocchio repräsentiert, robuster als jede Spielpuppe, dieses unzerstörbare Leben. Aus allen Gefahren geht er als Sieger hervor. Wer außer den »kleinen Lesern« würde um sein Leben auch nur einen Pfifferling geben, wenn er, ein lahmer Zirkusesel, an den Abdecker verkauft wird, der aus seiner Haut, dem einzigen, was noch an ihm taugt, eine Trommel machen möchte:

»Jedenfalls führte der Käufer, nachdem er die 20 Soldi bezahlt hatte, das Eselchen ans Ufer des Meeres; und nachdem er ihm einen Stein um den Hals gebunden und an einer seiner Pfoten einen Strick befestigt hatte, den er in der Hand behielt, gab er ihm unvermutet einen Stoß und warf ihn ins Wasser. Pinocchio, mit dem Felsbrocken um den Hals, ging sofort unter, und der Käufer, der immer den Strick fest in der Hand hielt, setzte sich geruhsam auf eine Klippe und wartete darauf, daß das Eselchen genügend Zeit hätte, zu ertrinken, um ihm dann die Haut abzuziehen.« (XXXIII)

Aber was – im Anschluß an diese genüßlich erzählte Hinrichtungsszene mit ihrer subtilen Grausamkeit – dann aus dem Meer auftaucht, ist eben nicht ein »totes Eselchen«, sondern ein *burattino vivo*, eine lebendige Holzpuppe (XXXIV). Gerade das »tote« Holz erweist sich als lebendig. Und das Fleisch des Eselchens wird von den Fischen gefressen, damit der *burattino* wieder in seine ursprüngliche Gestalt verwandelt werden kann.

Dennoch ist dieses Holz, aus dem Pinocchio geschnitzt ist, keineswegs fühllos. An der Großen Eiche aufgehängt, erstickt Pinocchio schier (XV), und wenn er seine Medizin nicht nähme, müßte er sogar sterben (XVII). Sein Geheimnis besteht darin, daß er, auch wenn er aus »anderem Holz geschnitzt« ist als seine »kleinen Leser«, ihnen darin sehr wohl ähnlich ist, daß er fühlt und leidet wie sie.

Taubes Holz ist er freilich in einem anderen Sinne:

»›Armer Pinocchio, du tust mir wirklich leid!‹ – ›Warum tue ich dir leid?‹ – ›Weil du eine Holzpuppe bist und, was schlimmer ist, weil du einen Kopf aus Holz hast.‹« (IV)

Das sagt die Sprechende Grille, und aus ihr spricht die Stimme der Moral. Der »Kopf aus Holz« repräsentiert den Eigensinn. Es ist der rebellische Stoff, der sich schon im Akt der Schöpfung gegen seinen Schöpfer auflehnt (III). Es ist der Naturstoff, dem in seiner Härte und Unverletzbarkeit auch das

Wesensmerkmal des Menschlichen fehlt. Pinocchio ist, wie das Kind, ein Wesen im Übergang. Es wird erst Mensch werden.

Aber Pinocchios Wesen ist nicht nur durch das Elementare seines Leibesstoffes, das Holz, bestimmt, es hat auch eine Geschichte. Pinocchio wurzelt in der Tradition des Volkstheaters, er ist ein Kind der Spielbuden. Das Puppentheater – mit Handpuppen, mit Marionetten oder, wie etwa in Sizilien, mit großen Stockpuppen gespielt – gehörte in Italien bis ins 20. Jahrhundert zu den großen populären Volksvergnügungen. Anders als in Deutschland, wo mit Entstehung der bürgerlichen Theaterkultur in der zweiten Hälfte des 18. Jahrhunderts das Puppentheater mehr und mehr ins Abseits geriet, allenfalls als pädagogische Kinderunterhaltung weiterlebte, hat das Figurentheater im Süden lange Zeit seinen ursprünglichen Charakter als allgemeines Volksvergnügen, vor allem für die unteren Schichten, bewahrt. Zahlreiche europäische Italienreisende haben im 19. Jahrhundert in ihren Reiseberichten auch die *casotti dei burattini* beschrieben, die auf Straßen und Plätzen aufgeschlagenen Spielbuden der *burattinai,* der Puppenspieler. Der romantische Dichter Wilhelm Müller beispielsweise ist ihnen 1818 in Rom begegnet:

»Ein schmales, etwas über Mannsgröße hohes Gestell, das auf vier leichten hölzernen Eckpfeilern steht und ringsherum mit bunter Leinwand verschlagen ist, sodaß es einen vierseitigen Turm bildet, heißt Casotto. Es ist mit einem ebenso leichten Dache bedeckt, das sich nach hinten herabsenkt, sodaß die Fronte des Turmes höher ist als die Rückseite. Dafür ist aber die Wand der Fronte durch eine Öffnung unterbrochen, die den obersten Raum unter dem Dache einnimmt, etwa eine Elle hoch. Diese Öffnung bildet die Szene, die von unten her belebt und bewegt wird. Denn der Puppenspieler steht in dem Turme als unsichtbarer Lenker und Sprecher, und ist das Spiel vorbei, so schiebt er die eine Wand hinweg und tritt heraus. Sein Gefährte nimmt alsdann das Theater auf die Schulter und wandert eine Straße weiter.«[1]

Außer in beweglichen Spielbuden fand das Puppentheater auch in festen Häusern statt. Immer aber war es Zentrum eines farbigen, turbulenten, mitunter aggressiven Treibens, das die Reisenden aus dem Norden teils mit Bewunderung für das »Volkstümliche«, teils mit Kritik an Lärm, Schmutz und Gestank dieser Orte wahrgenommen haben:

»Man darf aber nicht denken, daß hier bloß Sackträger, Kalkbrenner, Stiefelputzer und Eselstreiber herkommen, im Gegenteil sieht man oft die ehrbarsten Herren und Damen hereinschreiten, graue und weiße Häupter sich dieser Possen erfreuen und ganze Familien mitsamt den Kindern erscheinen. Hier muß man sich nun den Lärm vorstellen, den das Volk macht. Alles knackt Kastanien und eine Art Zuckerwatte, die einen Bajocc kostet. Man macht seine Bemerkungen alle laut und öffentlich, und spricht mit den Marionetten als ob man mitspielte. Es wird gepfiffen und geschrien, gesungen und geklatscht, gepoltert und geräuspert zum Entsetzen.«[2]

Die Welt des Populären, in der Pinocchios Charakter wurzelt, ist die vorbürgerliche Welt: Anarchie des Genusses und der Aufsässigkeiten, aus der die bürgerliche Ordnung in einem langen schmerzhaften Entwicklungsprozeß entstanden ist und in jedem Kinderleben neu entsteht. »Essen, trinken, schlafen, mich vergnügen und vom Morgen bis zum Abend das Leben eines Vagabunden führen« (IV): das ist Pinocchios Lebensprogramm zu Beginn der Erzählung.

Der Charakter der Spielbudenpuppe bringt dieses Programm zum Ausdruck. Sie ist – repräsentiert in Figuren wie Arlecchino, Brighella, Cassandrino, dem französischen Guignol oder dem deutschen Kasper – spontan, flatterhaft, egoistisch, aufsässig, witzig und hat eine Neigung zum Tragikomischen. Schon zu Collodis Zeit wurde die Spielbudenpuppe daher auch als negative Metapher benutzt: »*Burattino* sagen wir zu einem Menschen ohne Stetigkeit und ohne Vorsatz, leichtsinnig und unbeständig«, heißt es im toskanischen Wörterbuch der hochedlen Accademia della Crusca[3], und mit dieser Definition ist auch Pinocchios Charakter gut getroffen.

Ob Pinocchio nach dem Vorbild einer ganz bestimmten Figur des Volkstheaters geschaffen wurde, sein Charakter daher gleichsam »Familienähnlichkeit« haben könnte, ist in

Italien verschiedentlich Gegenstand volkskundlicher Untersuchungen geworden. Die Figuren – oder, wie sie in Italien heißen: die »Masken« – des Volkstheaters waren ja feste Typen, in der älteren Zeit vorwiegend dem Personal der Ritterstücke oder der *Commedia dell'arte* nachempfunden, denen sich später zahlreiche, meist lokale Varianten aus dem Milieu der Popularkultur zugesellten.[4] Pinocchio ist mit keinem dieser Typen wirklich identisch – auch hier hat Collodi eine allzu genaue Festlegung vermieden. Berührungen gibt es mit der Figur des toskanischen *Stenterello*[5] und jener des romagnolischen *Fagiolino*[6]. Collodi kannte das Repertoire des Volkstheaters übrigens nicht nur aus eigener Anschauung[7], sondern außerdem durch seine Tätigkeit in der Theaterzensurkommission, wo auch die Puppenspieler die Texte ihrer Stücke vorlegen mußten.[8] Selbst im politischen Meinungskampf als Journalist war er ihnen begegnet: In den Revolutionszeiten 1848/49 und 1859 nannten sich verschiedene politische Journale nach den populären Helden der Puppentheater[9] – der aufsässige Charakter der Figuren wurde ins Politische gewendet.

Wo Pinocchios »Familie« zu finden ist, macht der Held im 9. und 10. Kapitel der Geschichte deutlich. Als Pinocchio sich mit der neuen Fibel auf den Weg zur Schule macht, sieht er »eine Bude aus Holz und Stoff in tausend Farben bemalt« mit der Aufschrift *Gran teatro dei burattini* (IX). Er verkauft seine Fibel und besucht die Vorstellung: »Auf der Bühne sah man Arlecchino und Pulcinella, die sich miteinander zankten und wie üblich drohten, sich gegenseitig zu ohrfeigen und zu verprügeln (...). Plötzlich und im Nu unterbrach Arlecchino seine Rede, wandte sich an die Zuschauer und rief, indem er mit der Hand auf jemanden hinten im Zuschauerraum deutete, in dramatischem Tonfall: ›Erhabene Götter! Träume ich oder wache ich? Ist das da unten nicht Pinocchio?‹ – ›Wahrlich, es ist Pinocchio‹, schreit Pulcinella, ›er ist's, er ist's‹, kreischt Signora Rosaura, indem sie den Kopf hinter der Bühne hervorstreckt. ›Es ist Pinocchio, es ist Pinocchio‹, schreien im Chor alle Spielpuppen und springen aus den Kulissen heraus. ›Es ist Pinocchio, es ist unser Bruder Pinocchio.‹« (X)

Die Welt der Spielpuppen, zu der »Bruder Pinocchio« gehört (und in der er, wie die Szene zeigt, ebenfalls sogleich Unruhe stiftet), hat sehr alte Wurzeln in der gegenkulturellen Öffentlichkeit des Marktplatzes, wie sie Michail Bachtin am Beispiel von Rabelais beschrieben hat.[10] Das bürgerliche Zeitalter hat die Schärfe der alten gegenkulturellen Formen vielfach gemildert und »verniedlicht«; es ist aber kein Zufall, daß sie vor allem in der Kinderkultur in Restformen lange Zeit weiterlebten. Auch Gestalt und Charakter Pinocchios sind erst aus diesem Kontext heraus historisch zu begreifen.[11]

Pinocchios hervorstechende körperliche Eigenheit – inzwischen längst zum »Wiedererkennungsmerkmal« der Figur geworden[12] – ist seine lange Nase:

»Nach den Augen machte er die Nase; aber die Nase, kaum war sie fertig, fing an zu wachsen; sie wuchs und wuchs und wuchs und wurde in wenigen Minuten eine Riesennase, die kein Ende mehr nehmen wollte. Der arme Geppetto gab sich alle Mühe, sie zu stutzen, aber je mehr er an ihr abschnitt und kürzte, desto länger wurde diese freche Nase.« (III)

Die lange Nase – Pinocchio teilt sie mit den Komödien-Figuren des Pulcinella und des deutschen Kasper – ist die »freche Nase«. Mit der »langen Nase«, die er seinem Schöpfer »dreht«, erweist sich Pinocchio schon im Augenblick seiner Erschaffung als Verkörperung der Auflehnung. Die lange Nase teilt er aber auch mit jenen unheimlichen Wesen aus dem Kosmos der Volkserzählung, die nur zum Teil der irdischen Welt angehören und die Menschen erschrecken und irritieren: die Trolle im norwegischen Volksmärchen haben ebenso wie manche der deutschen Zwergen-Figuren extrem lange Nasen. Schließlich ist Pinocchios Nase nicht einfach »lang«, sondern eine Nase, die »wächst und wächst und wächst«: beunruhigendes Merkmal jener abscheulichen »grotesken Körper« der Popularkultur, wie sie etwa Hans Sachs in seinem Fastnachtspiel »Der Nasentanz« vor Augen geführt hat.[13] Bachtin hat sie als »Körper im Entstehen« charakterisiert, als unfertige Form, an der »alles interessant (ist), was hervorspringt, vom Körper absteht, alle Auswüchse und Verzweigungen, alles, was über die Körpergrenzen hinausstrebt«[14], und damit an die Geheimnisse von Vereinigung und Ausscheidung gemahnt. Pinocchios Nase ist Ausdruck jener beunruhigenden Erinnerung an den unfertigen Körper, die das kleine Kind – als Lusttraum, als Alptraum – beständig in sich trägt.

Kein Wunder, daß Pinocchio dann genau an diesem Organ gestraft wird. Als er lügt, beginnt seine Nase zu wachsen, wird so groß, daß sie nicht mehr durch die Tür geht (XVII). Das populäre Lustmotiv der langen Nase wird zum pädagogischen Kinderschreck. Der Erzieher – in diesem Fall die Erzieherin: die Fee – dreht jetzt den Spieß um, verwandelt in strafender Absicht den »schönen« in den »grotesken« Körper. Auch dieses Motiv ist verbreitet, berührt tiefsitzende Ängste. Pinocchios Autor hätte es in der italienischen Volksmärchentradition[15] oder in Wilhelm Hauffs Märchen »Zwerg Nase« und »Der kleine Muck« finden können. In der pädagogischen Warnerzählung begegnet es in Glaßbrenner/Hosemanns im 19. Jahrhundert weit verbreitetem Bilderbuch »Lachende Kinder«[16] und – jetzt vielleicht schon abhängig von Pinocchio – noch um 1950 in dem Bilderbuch »Der Kinderspiegel«[17].

Unfertiger Körper, Körper im Entstehen ist Pinocchio auch an anderen Gliedern seines Leibes. Als er mit den Füßen über dem Kohlebecken einschläft, wacht er am nächsten Morgen mit verbrannten Füßen auf, und Geppetto muß ihm neue Füße schnitzen (VII). Später beginnen eines Nachts seine Ohren zu wachsen, werden »lang, daß sie aussehen wie zwei Flederwische«, bis sie sich schließlich in ein Paar »prächtige Eselsohren« verwandeln. »Ihr könnt euch den Schmerz, die Scham und die Verzweiflung des armen Pinocchio vorstellen.« (XXXII) Auch hier ist Angstlust im Spiel: die Angst und die Lust des Kindes, des eigenen Körpers nicht gewiß zu sein.

Auch zwei andere Eigenschaften Pinocchios machen die Figur zum grotesken Körper: das Lachen und das Grimassieren.

»Nach der Nase machte er ihm den Mund. Der Mund war noch nicht fertig, da fing er schon an zu lachen und sich über ihn lustig zu machen. ›Hör auf zu lachen‹, sagte Geppetto gereizt. Aber es war, als hätte er es zu einer Mauer gesagt.

›Noch einmal, hör auf zu lachen‹, rief er mit drohender Stimme. Da hörte der Mund auf zu lachen, aber streckte ihm weit die Zunge heraus.« (III)

Als komische Figur des Volkstheaters provoziert Pinocchio, kaum erschaffen, sogleich das Lachen seiner Umgebung:

»›Haltet ihn, haltet ihn‹, rief Geppetto, aber als die Leute auf der Straße diese hölzerne Puppe sahen, die schnell wie ein Berberhengst lief, da blieben sie wie gebannt stehen und lachten und lachten und lachten, wie man es sich nicht vorstellen kann.« (III)

Vor dieser Komik löst sich sogar die tödliche Bedrohung durch die Riesenschlange, die Pinocchio den Weg versperrt, in nichts auf:

»Als die Schlange sah, wie die Holzpuppe mit dem Kopf feststeckte und mit den Beinen mit einer unglaublichen Geschwindigkeit in der Luft herumzappelte, wurde sie von einem derartigen Lachkrampf geschüttelt, daß sie lachte und lachte und lachte, bis ihr schließlich von der Anstrengung des allzu vielen Lachens eine Ader in der Brust platzte, und diesmal starb sie nun wirklich.« (XX)

Der groteske Körper Pinocchios und die grotesken Körper des Puppentheaters sind Relikte jener archaischen »Kultur des Lachens«, in denen die Popularkultur der frühen Neuzeit in der Kinderkultur des bürgerlichen Zeitalters weiterlebt. Wie jene in Opposition zur Kultur der Eliten, so steht diese in Opposition zur Kultur der Erwachsenen, wie sie sich im Prozeß der Zivilisation herausgebildet hat und in jedem einzelnen Lebensschicksal noch immer herausbildet. Während der pädagogische Diskurs seit dem 18. Jahrhundert die Trias von *Volk, Kindern* und *Wilden* als negative Gegen-Ordnung zum zivilisierten System »Menschheit« beschreibt[18], bleibt auf der Ebene der Zeichen und Bilder dieser Zusammenhang in lustvoller Weise erhalten. Collodis Pinocchio ist unter diesem Gesichtspunkt ein besonders prominentes Beispiel jener grotesken Figuren, wie sie die europäische Kinderliteratur und Kinderkultur des 19. und 20. Jahrhunderts bevölkern. Riesen, Hexen, Zwerge, Trolle, große und kleine Monster, der deutsche

Till Eulenspiegel und der italienische Bertoldo, Hanswurst, Kasper, Arlecchino und die anderen Gestalten des Puppenspiels: Sie alle haben ihre historischen Wurzeln in der Kultur des Volkes. Die Kinderkultur hat im 19. Jahrhundert das große Erbe der europäischen Volkskultur angetreten. In einer Zeit des sich ausdifferenzierenden Erwachsenen-Kind-Verhältnisses, in der zugleich die Kultur der Eliten mehr und mehr die Kultur der Unterschichten beeinflußt, feiert die alte »Kultur des Marktplatzes« (Bachtin) im Kinderzimmer ihre Auferstehung.

Das gilt nicht nur für die Akteure der Kinderliteratur des bürgerlichen Zeitalters, sondern auch für eines ihrer zentralen Handlungselemente: die phantastische Reise (deren älteste Wurzeln im europäischen Zaubermärchen zu finden sind).

Auch Collodis Roman ist – wie viele kinderliterarische Klassiker – ein phantastischer Reiseroman. Er erzählt davon, wie der Protagonist sich auf den Weg macht, aus seiner vertrauten Umgebung ausbricht, in der Ferne Abenteuer erlebt und schließlich, verwandelt, in sein Milieu zurückkehrt. Strukturell ist Pinocchios Reise zyklisch angeordnet: als eine Serie von »Aufbruch« und »Rückkehr« in neun Folgen. Die abenteuerlichste dieser Reisen ist sicherlich jene in das geheimnisvolle *paese dei balocchi*, das »Land der Spiele«, die im Handlungsverlauf die vorletzte Stelle einnimmt.

Sie eröffnet den dritten Teil des Romans, und die Menschwerdung der kleinen Holzpuppe scheint dort nur noch eine Frage von wenigen Stunden: Am nächsten Morgen will ihn die Fee verwandeln, Pinocchio möchte nur noch schnell in die Stadt laufen, um seine Freunde zu dem großen Ereignis einzuladen. »Ich verspreche, in einer Stunde wieder zurück zu sein.« (XXX) Aber in der Stadt trifft er Lucignolo:

»›Was machst du hier?‹ fragte Pinocchio, indem er nähertrat. – ›Ich warte bis Mitternacht, um abzureisen ...‹ – ›Wohin gehst du?‹ – ›Weit, weit, weit weg.‹« (XXX)

Und Pinocchio läßt sich, wieder einmal, verführen und schließt sich Lucignolo und der mitternächtlichen Karawane der Knaben an, die unter der Führung des fetten Männleins mit zwölf Eselsgespannen jenem Land entgegenreist, von dem Lucignolo erzählt hatte:

»Dort gibt es keine Schulen, dort gibt es keine Lehrer, dort gibt es keine Bücher. In jenem gesegneten Land lernt man nie. Donnerstag ist schulfrei, und jede Woche besteht aus sechs Donnerstagen und einem Sonntag.« (XXX)

Es ist, so der Verführer Lucignolo weiter, »das schönste Land auf dieser Erde, ein wahres Schlaraffenland« *(il più bel paese di questo mondo: una vera cuccagna)*. Collodi hat damit das Stichwort zum Verständnis der historischen Topographie dieses Landes gegeben: Es gehört in die *mappa mundi* der *Cuccagna*, der populären Utopie des Schlaraffenlandes[19]. Schon das Motiv der »stillstehenden Zeit«, das Collodi hier in die Zeitstruktur des Schulalltags wendet, gehört zum alten Bestand der *Cuccagna*-Utopie[20], ebenso die Motive des »Wohllebens im Nichtstun«, des »permanenten Festes« und der »verkehrten Welt«:

»Dieses Land glich keinem anderen Land auf Erden. Seine Bevölkerung bestand nur aus Kindern. Die ältesten waren 14 Jahre alt, die jüngsten gerade acht. Auf den Straßen herrschte eine Ausgelassenheit, ein Lärmen, ein Geschrei, daß man den Verstand verlieren konnte! Scharen von Lausbuben überall: Die einen spielten mit Nüssen, die anderen mit Steinchen, wieder andere mit dem Ball, die einen fuhren Fahrrad, die anderen ritten auf Steckenpferden oder spielten Blindekuh, andere spielten Fangen, waren als Hanswurst verkleidet und machten Feuerfresser; die einen rezitierten, die anderen sangen, wieder andere schlugen Purzelbäume oder vergnügten sich, indem sie auf den Händen liefen, die Beine in der Luft; die einen trieben Reifen, die anderen spazierten als General mit Papierhelm und Pappdegen herum; sie lachten, schrieen, riefen, schlugen in die Hände, pfiffen und taten wie Hühner nach dem Eierlegen: kurz, es war ein solcher Höllenlärm, ein solches Durcheinander, ein solcher Hexensabbat, daß man sich die Ohren mit Watte zustopfen mußte, um nicht taub zu werden.« (XXXI)

Das Bild vom »Spielland der Kinder« – das ikonographisch in der Tradition der Darstellung der »Kinderspiele« in Malerei und populärer Druckgraphik steht[21] – überträgt mit den Bildern seiner undisziplinierten und unreglementierten Kinderöffentlichkeit die alte Popularutopie des Schlaraffenlandes in die Kultur der Kindheit. Die für die populäre Utopie konstitutiven Elemente, die in der Kultur des Karnevals wurzeln, werden ins »Kinderweltliche« verkleinert. An die Stelle der Unterschichten der frühbürgerlichen Gesellschaft sind jetzt die Kinder getreten, die den alten Fluchttraum von der Reise in das »gute Land« träumen, wo das Leben ein einziges Vergnügen ist. Und nicht mehr der Hunger, die Fronarbeit und der Wunsch nach Gleichheit sind es (wie in der alten *Cuccagna*-Utopie), deren Aufhebung im neuen Schlaraffenland der Kinder geträumt wird, sondern das Ende der Schularbeit und der durch sie bestimmte Pflichtkanon und Zeitrhythmus. Waren es im »alten« Schlaraffenland die Wünsche der unterdrückten Klassen der vorbürgerlichen Gesellschaft, die in den utopischen Bildern Gestalt gewannen, so sind es jetzt die Bedürfnisse einer Kindheit, die gegen ihre Subsumtion unter die kapitalistische Zeitökonomie, die Arbeitsmoral des bürgerlichen Zeitalters und die Institutionalisierung des Lernens rebellieren. Auch in der deutschen Kinderliteratur läßt sich diese Entwicklung beobachten. Flucht, Ausfahrt und Reise in die Wunsch-Länder des kindlichen Eigensinns gehören zu ihren verbreiteten Motiven.

Aber die Reise in das Land des Wohllebens – sie vollzieht sich nach dem alten gegenkulturellen Muster der »heimlichen Ausfahrt der Kinder«[22] – endet für Pinocchio mit der Katastrophe, und auch hier setzt sich im Kinderschlaraffenland die Struktur der alten *Cuccagna*-Utopie fort: sie versteht sich seit alters als moralische Warnung vor den schlimmen Folgen der Faulheit. Schon zu Beginn von Pinocchios Reise ins »Land der Spiele« flüstert ihm ein »feines Stimmchen« aus dem Munde eines der Eselchen die Warnung zu:

»Kinder, die das Lernen aufgeben und Büchern, Schulen und Lehrern den Rücken kehren, um sich nur den Spielen und den Vergnügungen zu widmen, können nur ein unglückliches Ende nehmen ...« (XXXI)

Das moralische »Stimmchen« wird recht behalten: Pinocchio wird im »Land der Spiele« in einen Esel verwandelt werden. Dennoch wird es mit dem Holzbengel kein »unglückliches Ende« nehmen – wenigstens nicht in jenem Sinne, in dem das »Stimmchen« davon gesprochen hatte.

An diesem Punkt ist es Zeit, die Struktur des Romans ins Auge zu fassen. Sie erzählt die Geschichte der Kindheit im bürgerlichen Zeitalter.

Pinocchios Roman oder Vom Ende der Kindheit

Kinderliteratur als Rede über Kindheit – Pinocchio, der eigensinnige Held – Die Weigerung, erwachsen zu werden, als Thema der Kinderliteratur – Waldemar Bonsels' »Biene Maja« und Johanna Spyris »Heidi« – Über Hunger und Liebe und den Wunsch, ein »richtiger Mensch« zu werden – »Penetrante Tugend« und die Lust am Verbotenen – Familiäre Beziehungen: Der schwache Vater und die starke Mutter – Fee, Madonna und feministische Gewalt – Die Rettung des Vaters.

Kinderliteratur ist Rede über Kindheit. Wie aber wäre anders über Kindheit zu reden als über ein Temporäres, Vorläufiges, zum Ende Bestimmtes? Je mehr eine Gesellschaft Kindheit kultiviert – zu jenem »sozialen Status« ausbaut, von dem Philippe Ariès gesprochen hat –, um so schmerzhafter werden auch die Prozesse der Ablösung von Kindheit erfahren. Wo in den traditionellen Gesellschaften einfache Passageriten genügten, um das Ende der Kindheit klar zu markieren, da hat die bürgerliche Gesellschaft ein hochdifferenziertes semantisches System ausgebildet, in dem der Abschied von der Kindheit zelebriert wird. Es ist der Roman der Kindheit.

Die Kinderliteratur, die diesen Roman erzählt, erzählt also nichts anderes als die Geschichte der Kindheit. Während der klassische Bildungsroman und die bürgerliche Autobiographie von Kindheit als einer frühen Lebensphase der unfertigen Persönlichkeit sprechen, macht der Kindheitsroman die Kindheit selber zum Thema. Er erzählt in Form einer exemplarischen Bildungsgeschichte von ihrem Schicksal. Sein Protagonist ist ein Kind, und sein Ende wird durch die »Menschwerdung« dieses Kindes markiert, seinen Eintritt in das Leben der Erwachsenen.

Nicht zufällig ist es die Literatur des bürgerlichen Zeitalters mit ihrem Kult der Kindheit, in welcher der kindliche Held zum ersten Mal »literaturfähig« wird. Der erste Roman, dessen Held ein Kind ist und der konsequent mit dem Ende der Kindheit (Jugend) seines Helden endet, ist Rousseaus *Émile*. Er erzählt die Bildungsgeschichte des Protagonisten als Entfaltung seiner natürlichen Anlagen und schlägt mit der Idee des »reinen« und »unverdorbenen« Kindes das große Thema an, das seither die europäische Literatur begleitet. Auch wo der Kindheitsroman dann eher als pädagogischer Roman entfaltet wird (in Salzmanns *Konrad Kiefer*) oder im Gewand des sozialen Realismus auftritt (in Dickens' *Oliver Twist*), sind die kindlichen Helden der Erzählungen jene fremden Wesen, als die Kinder im Prozeß der Zivilisation erscheinen müssen.

Es ist Collodis *Pinocchio,* in dem der Roman der Kindheit seine klassische Gestalt gefunden hat. *Pinocchio* erzählt die Menschwerdung des Kindes. Sein großes Thema ist das Ende der Kindheit: die Schwierigkeit und die Unvermeidlichkeit dieses Endes. Sein Held ist, als Spielbudenpuppe, eine »Maske« auch im symbolischen Sinn: Maske der Kindheit im bürgerlichen Zeitalter. Er ist, Holz-Körper und Menschen-Seele, eines jener Doppelwesen, für die die Puppe in der Literatur der Moderne steht.[1]

Mit seinem hölzernen Körper lebt Pinocchio, die Figur aus der vorbürgerlichen Welt, den naiven Anarchismus des Kindes und seinen Widerstand gegen die Welt, in die hinein es geschaffen wurde. Er ist der große Antiautoritäre und Eigensinnige unter den literarischen Figuren der Kindheit. Schon im Augenblick seiner Erschaffung rebellieren alle seine Organe gegen den Schöpfer-Vater: Die Augen starren ihn böse an, die Nase wird impertinent lang, »und der Mund war noch nicht fertig, da fing er schon an zu lachen und sich über ihn lustig zu machen« (III). Die Hände benutzt er, um Geppetto die Perücke vom Kopf zu reißen, und seine Zunge, um Streit zwischen Geppetto und Maestro Ciliegia zu schüren.

»Taugenichts von einem Söhnchen!« seufzt Geppetto, »du bist noch nicht einmal fertig geschaffen und fängst schon an, es an Respekt gegenüber deinem Vater fehlen zu lassen. Schlimm, mein Junge, schlimm.« (III) Kein Zweifel: Alle Erwartungen des Vaters an dieses Kind werden enttäuscht. Sein »Stück Brot« und sein »Glas Wein« wird er mit diesem Kerl nicht verdienen können. Als Geppetto dies begreift, »wurde er so traurig und melancholisch, wie er es noch nie in seinem Leben gewesen war« (III).

Die »Melancholie« Geppettos ist die Enttäuschung des Vaters angesichts der Aufkündigung des Generationenvertrags durch den Sohn. Kaum hat Pinocchio Beine, benutzt er sie, um aus dem Vaterhaus zu fliehen. Gleich darauf bringt er den eigenen Vater ins Gefängnis.

Der einfache Anarchismus des Kindes bestimmt auch im folgenden Pinocchios Lebensziel:

»Ich weiß, daß ich morgen bei Tagesanbruch von hier fort will, denn wenn ich hier bleibe, wird auch mir das geschehen, was allen anderen Kindern geschieht: sie werden mich in die Schule schicken und ob ich will oder nicht werde ich gezwungen sein zu lernen. Aber, um es dir im Vertrauen zu sagen, ich habe nicht die geringste Lust zu lernen, und es macht mir mehr Spaß, hinter den Schmetterlingen herzulaufen und auf die Bäume zu klettern, um Vogelnester auszunehmen.« (IV)

Das Lustprinzip, nach dem Pinocchio leben möchte, ist hier schon explizit auf sein Gegenteil bezogen: das, »was allen anderen Kindern geschieht«, ist der Prozeß der Zähmung der kleinen Wilden, der mit ihrer zivilisatorischen Zurichtung enden wird. Die »Schule« und das »Lernen« sind die Medien dieser Zurichtung (wir erinnern uns, daß Collodi auf dem Höhepunkt der italienischen Alphabetisierungsbewegung schreibt); später wird die »Arbeit« dazukommen. Pinocchio will nicht das Schicksal aller »anderen Kinder« erleiden. Er will der Zumutung entgehen, erwachsen werden zu müssen. Er will Kind bleiben, Kind in jenem ursprünglichen Sinn des »Anderen«, das doch in sich immer auch die Projektionen der »Zivilisierten«, der »Erwachsenen«, der »Erzogenen« enthält. Und da Collodis Sympathie diesem »Anderen« der Kindheit gilt, malt er die Verweigerungen seines kleinen Helden gegenüber dem Prozeß der Menschwerdung in bunten Farben aus. Die Sprechende Grille, die in dem Dialog mit Pinocchio den

Part des Realitätsprinzips vertritt, wird von dem Holzbengel kurzerhand mit einem Holzhammer erschlagen und bleibt »tot an der Wand kleben« (IV). Pinocchios erste Schlacht gegen die Stimme der Moral endet mit einem schnellen Sieg.

Die Weigerung, erwachsen zu werden, ist das große Thema der Kinderliteratur des bürgerlichen Zeitalters. »Nein, es war nun einmal ihre Freude nicht, immer ein- und ausfliegen zu müssen, Honig zu tragen oder Wachs zu bereiten. Sie wollte glücklich und frei sein und das Leben auf ihre Art genießen, mochte kommen, was wollte, sie würde es ertragen«: Auch hier spricht ein »maskiertes Kind«, Waldemar Bonsels' *Biene Maja*[2], die der Welt der Pflichten durch ihre Flucht aus dem Bienenstock zu entkommen sucht und dafür bitter büßen muß, bis sie – nach allerlei Abenteuern und nach der Rettung der Gemeinschaft vor den feindlichen Hornissen – am Ende wieder in die Gemeinschaft aufgenommen wird. Auch in einem anderen Kinderklassiker der Epoche treffen wir auf das Grundmodell des Kindheitsromans: Johanna Spyris *Heidi*, einem Buch, das in besonderer Weise zum Vergleich mit *Pinocchio* herausfordert.[3] Die vorschriftliche Welt der Natur-Kindheit, der präzivilisierte Ort des Wohlbehagens ist dort das Leben auf der Alm, und die soziale Struktur dieser Welt weist eine verblüffende Ähnlichkeit zu jener auf, mit welcher der *Pinocchio*-Roman einsetzt: Es ist eine frauenlose Welt, ohne Mütter, in der die Kinder von alten Männern (Alm-Öhi/Geppetto) umsorgt werden. Erst in einer zweiten Phase treten Frauen auf (Fräulein Rottenmeier/die Fee); sie artikulieren harte Forderungen gegenüber dem Kind, die Forderungen der »Väterordnung« (Anna Katharina Ulrich), in die das Kind gemäß der Neudefinition von Kindheit im Verlauf des 19. Jahrhunderts über die »Initiation in die Schrift« eintritt. Auch Heidi wird ja in Frankfurt zum Schulkind, muß, wie Pinocchio, Lesen und Schreiben lernen, um erwachsen zu werden. Auch sie verweigert sich – vorläufig – den Zwängen der Alphabetisierung, den Anforderungen der Zivilisation. Nur daß sie, die weibliche Heldin, anders als Pinocchio, nicht rebelliert und ausbricht, sondern stumm leidet, ihre unterdrückte Sehnsucht nach Ungebundenheit in einem hysterischen Syndrom ausdrückt (Heidis Somnambulismus). Und auch der dritte Schritt der kindlichen Bildungstriade weist in beiden Romanen Parallelen auf: Pinocchio wie Heidi werden am Ende zu »Rettern« und »Ernährern« der Väter, akzeptieren die Rolle des »Erwachsenenseins«, bringen damit den Generationenvertrag wieder ins Lot.[4] Denn niemandem bleibt das Schicksal erspart, erwachsen zu werden, und auch Pinocchio wird dies zu spüren bekommen. Das Buch handelt ja von der Mensch-Werdung des Nicht-Menschen; aus dem bösen, unartigen, hölzernen Bengel wird am Ende ein schöner Knabe mit kastanienbraunem Haar und hellblauen Augen, ein »richtiger« Menschenjunge und eben doch einer »wie alle anderen«. Und an einem bestimmten Punkt der Handlung entsteht in Pinocchio selber der Wunsch, so zu werden, wie er »eigentlich« überhaupt nicht werden wollte:

»›Ich möchte auch ein bißchen wachsen. Seht ihr es nicht, ich bin immer noch nicht größer als ein Dreikäsehoch.‹ – ›Aber du kannst nicht wachsen‹, erwiderte die Fee. – ›Warum?‹ – ›Weil Puppen nie wachsen können. Sie kommen als Puppen auf die Welt, leben als Puppen und sterben als Puppen.‹ – ›Ach, ich bin es leid, immer eine Puppe sein zu müssen‹, schrie Pinocchio und schlug sich mit der Faust an den Kopf. ›Es ist höchste Zeit, daß auch ich ein Mensch werde.‹« (XXV)

Pinocchios Wunsch hat an dieser Stelle der Handlung eine doppelte Ursache. Er ist auf der »Insel der fleißigen Bienen« (XXIV) gestrandet, einem Utopia der Arbeit: »Alle arbeiteten, alle hatten etwas zu tun, man fand keinen Müßiggänger oder Herumtreiber«. Hier muß er die Erfahrung machen, daß er in dieser Gesellschaft nicht mehr auf das Mitleid der Menschen zählen kann, wenn er sich, halb verhungert, an sie wendet und um ein Stück Brot bettelt. Wer essen will, muß dafür arbeiten: diesen Grundsatz begreift er hier. Außerdem hat Pinocchio auf der »Insel der fleißigen Bienen« unvermutet die Fee mit den blauen Haaren wiedergetroffen. Und neben dem *Hunger* ist es die *Liebe*, die Liebe zur »Mutter« und zur »Frau«, die Pinocchio, das Kind, mit seinem hölzernen Körper, an dem nichts wachsen kann außer der Nase, unzufrieden werden läßt. Nur als Erwachsener wird er den Hunger nach Brot und den Hunger nach Liebe stillen können.

Der Widerspruch, erwachsen werden und den Zumutungen dieses Zustands (Arbeit, Gehorsam, Verantwortung) zugleich entgehen zu wollen, prägt Pinocchios Charakter. Er will erwachsen werden und will es doch nicht. Er soll es wollen, weil er es werden muß. Der Roman handelt von den permanenten Versuchen des Holzbuben, seinem unvermeidlichen Schicksal zu entgehen. Dieser Widerspruch bestimmt auch die Erzählstruktur des Romans. Man kann ihn als programmatischen »Erziehungsroman« lesen – und dann, je nach pädagogischem oder antipädagogischem Standpunkt, den Autor für seine »moralische Kraft« (Benedetto Croce) loben oder für seinen »politischen und kulturellen Konservativismus« tadeln.[5]

Vor allem nach der antiautoritären Wende in der Erziehung ist auch Collodi ins Zielfeuer der Kritik geraten. »Pinocchio war mir aus tiefster Seele, von ganzem Herzen, und erst recht vom klaren Hirn her, zuwider! (...) Was hatte ich denn da vor mir? Einen Eintopf aus Märchen- und Fabelelementen, Erziehungsroman, Zeitsatire, Morallehre, toskanischer Folklore und oberlehrerhafter Sittenpredigt. Penetrante Tugend, unentwegt in Dialogen abgehandelt, die zu unerträglichen Monologen ausarten, in denen der kleine Holzkerl demütig reuige Gewissensbisse kundtut: ›... ich habe Unrecht getan, mich gegen den Vater aufzulehnen ... ich verspreche, daß ich von heute an brav sein werde ... es geschieht mir recht, denn immer will ich nach meinem eigenen Kopf handeln, ohne auf die zu hören, die tausendmal mehr Verstand haben als ich ... unfolgsame Kinder müssen für ihren Ungehorsam büßen ... kann es einen undankbareren und liebloseren Jungen geben als mich?...‹ Spaltenlang könnte man mit solchen Selbstbezichtigungen fortfahren, denn kein Kapitel vergeht, ohne daß Pinocchio zu Kreuze kriecht und einsieht: Ein Kind ist nichts, Erwachsene sind alles! Und die Moral von der Geschichte, die man gar nicht aufsparen muß, weil sie einem von jeder Seite entgegenknallt: Jegliche Auflehnung gegen den herrschenden

Moralkodex bringt Unglück! Nur hundertprozentige Anpassung führt zur Zufriedenheit!«

Es war Christine Nöstlinger, die sich kurz nach ihrer *Pinocchio*-Bearbeitung (»Der neue Pinocchio«, 1988) auf diese Weise über Collodis Roman geäußert hat.[6] Freilich sieht sie – und sehen andere Kritiker der repressiven Moral des Buches[7] – nur sein pädagogisches Programm, nicht die literarische Inszenierung dieses Programms, von der doch die Handlung lebt. Denn der Kindheitsroman handelt ja von der Widerspenstigkeit gegen die Zumutung, erwachsen zu werden, paradoxerweise auch dort noch, wo er sich selber als »Erziehungsroman« versteht, der dazu beitragen will, daß aus Kindern Erwachsene werden. Er kann, selbst wo er sich die Botschaft der Zähmung der kleinen Wilden auf die Fahne geschrieben hat, diese Botschaft nur vermitteln, indem er literarische Figuren einführt, die sich dieser Botschaft widersetzen. Er bezieht seinen Reiz und seine Spannung aus der Tatsache, daß er Verhaltensweisen vorführt, die sich den Standards der bürgerlichen Erwachsenenwelt gerade dann widersetzen müssen, wenn sie eigentlich für sie werben wollen. Wie alle Kinderliteratur spricht er eine doppelte Sprache. Während auf der Ebene des rationalen Diskurses – der »Moralität« – der widerspenstige Held bestraft wird oder sich, wie Pinocchio, am Ende zum »braven Jungen« mausert, feiert er auf der Ebene der Bilder und Phantasien seine eigentlichen Triumphe. Collodis Buch von den Abenteuern einer Holzpuppe ist für diese produktive Widersprüchlichkeit der Kinderliteratur das Beispiel par excellence.

Der Weg Pinocchios vom Holzbengel zum Menschenkind vollzieht sich dabei im Kontext einer bestimmten familialen Struktur. Daß die Beziehung Geppettos zu seinem hölzernen Schnitzwerk nicht nur die Beziehung *Tischler – Werkstück* und *Puppenspieler – Spielpuppe* ist, sondern auch ein *Vater - Sohn*-Verhältnis meint, bringt Geppetto schon bei der Erschaffung der Figur (»Taugenichts von einem Söhnchen…«) zum Ausdruck. »Vater« heißt Geppetto auch später, und Pinocchio selbst sieht ihn in dieser Rolle. Als er von Mangiafuoco, dem grotesken

Direktor des Marionettentheaters, gefragt wird, ob sein Vater und seine Mutter noch leben, antwortet er: ›Der Vater ja, die Mutter habe ich nie gekannt.‹« (XI)

In der Tat ist Pinocchio eine Art »Junggesellengeburt«; sein Vater hat ihn ohne Frau erschaffen. Auffallend ist ferner, daß im ersten Drittel des Romans praktisch alle Figuren der Handlung, auch die Nebenfiguren, männlich sind. Es sind, nächst Maestro Ciliegia und dem »Vater« Geppetto, den beiden unbeweibten alten Handwerkern, der Carabiniere, der Pinocchio an der langen Nase packt (III), die einsame Sprechende Grille (*il grillo parlante:* die Grille ist im Italienischen männlich!), das – im Italienischen ebenfalls männliche – Küken *(il pulcino),* das aus dem aufgeschlagenen Ei entschwirrt (V), der alte Mann im Dorf, den Pinocchio anbettelt (VI), der Junge, der Pinocchio den Hinweis auf das Marionettentheater gibt, und der Trödelhändler, der ihm seine Fibel abkauft (IX). Im Marionettentheater begegnet er dann Arlecchino und Pulcinella, den beiden »Herren Gendarmen« und dem rabiaten Puppenspieler Mangiafuoco, der ihn in jenes Feuer werfen will, auf dem er seinen Hammel brät (X/XI). Nur Kater und Füchsin (auch hier ist das grammatische Geschlecht im Italienischen anders: *il gatto, la volpe),* die beiden Bösewichter, die Pinocchio beim – wiederum männlichen – Wirt im »Gasthof zum Roten Krebs« berauben und anschließend verfolgen, sind ein »gemischtes Paar«. Aber als maskierte Räuber heißen sie die »Herren Mörder« *(signori assassini),* und durchaus »männlich« ist ja auch ihr Verhalten.

Kurzum, im ersten Drittel des Romans herrscht die reine »Männerwirtschaft« – und damit ist nicht nur das Ensemble der Figuren gemeint.[8] Auch thematisch geht es um eine »Männergeschichte«. Im Mittelpunkt von Pinocchios »Familienroman« (Sigmund Freud) steht eine Vater-Sohn-Beziehung. Ihr Thema: *Der verlorene Sohn* oder *Die unerwiderte Liebe.* Geppetto ist der fürsorgliche Vater, der sich für den Sohn aufopfert, seinetwegen Hunger und Kälte leidet, im übrigen auch die »mütterlichen« Funktionen der Nahrungsbeschaffung wahrnimmt (VII). Aber der ungehorsame Sohn folgt den gutgemeinten

Ermahnungen nicht, verweigert sich der väterlichen Zuwendung und bringt den Vater ins Gefängnis. Schließlich zieht er in die Welt hinaus, um sein Glück zu suchen. Dort geht er dann kläglich zugrunde. Zwischendurch, in den Augenblicken des Besinnens und des moralischen »Besserwissens«, denkt er zwar immer wieder reumütig an den unglücklichen Vater, dessen Warnungen er leichtfertig in den Wind geschlagen hat, aber zur Umkehr führen diese Einsichten nicht. So endet die Geschichte vom verlorenen Sohn konsequent mit dem Tod des unter die Räuber Gefallenen an den Zweigen der Großen Eiche – und dem entfernten Vater gilt der letzte Gedanke des »Sterbenden«. »O mein Vater, wenn du doch hier wärest …!« (XV)

Die antiautoritäre Kraft des Romans zeigt sich in diesem ersten Teil besonders deutlich. Allerdings wird in der Rebellion des Sohnes gegen den Vater gerade nicht der klassische ödipale Konflikt durchgespielt. Es geht nicht um Sturz und Vernichtung des starken Vaters durch den stärkeren Sohn. Denn Geppetto, die Vaterfigur des Romans, ist alles andere als der klassische autoritäre Vater, dessen Härte die Aggression des Sohnes herausfordern würde. Und auch die dritte Figur im Freudschen Familiendreieck fehlt – die Mutter, der zuliebe sich der Sohn gegen den Vater auflehnt. Als alter, ein wenig hilfloser Mann erscheint dieser Geppetto, eher ein »Großvater« als ein »Vater«, und vollends mit seiner Einstellung gegenüber dem bösen Sohn macht er deutlich, wie wenig Autorität er eigentlich ist. Trotz aller Enttäuschungen hält er in unerschütterlicher zärtlicher Liebe und Langmut an seinem »Söhnchen« fest: ein unverbesserlich guter Vater, der, ein wenig resigniert, durchaus weiß, daß die Söhne ihre eigenen Wege gehen müssen, auch wenn sie darüber unglücklich werden. Ein »Erzieher« ist dieser Vater jedenfalls nicht (dieser Part kommt im Figuren-Ensemble der Sprechenden Grille zu, einem abgespaltenen Vater-Über-Ich). Und wenn dem ungeratenen Knaben wirklich etwas zugestoßen ist, reagiert dieser Vater ebensowenig mit einem moralischen »recht geschieht's ihm«, dem Grundmuster aufgeklärter Pädagogik, wie der Sohn mit entsprechender moralischer Einsicht. Im Gegenteil:

Als der Vater dank Pinocchios Büberei ins Gefängnis abgeführt wird, gibt er, wenn überhaupt, eher sich selber die Schuld:

»Unglückliches Söhnchen! Und ich habe mir so viele Mühe gegeben, aus ihm eine brave Holzpuppe zu machen! Aber mir ist es zuzuschreiben, ich hätte eher daran denken sollen.« (III)

Und als der Vater dann aus dem Gefängnis nach Hause kommt und dort Pinocchio vorfindet, der sich die Füße im Kohlebecken verbrannt hat, ist sein Zorn über den Streich des Buben sofort verflogen:

»Zunächst wollte er schimpfen und strafen, aber als er dann seinen Pinocchio auf der Erde liegen und wirklich ohne Füße sah, da fühlte er, wie er weich wurde; er nahm ihn sogleich in seine Arme, küßte und liebkoste und hätschelte ihn tausend Mal und sprach schluchzend, während ihm die Tränen über die Wangen liefen: ›Mein lieber kleiner Pinocchio...‹« (VII)

»Er fühlte, wie er weich wurde...«: Geppetto ist der schwache, gütige Vater, der mit seinem Sohn trotz der beständigen Auseinandersetzungen im Ganzen doch im Zustand einer labilen zärtlichen Harmonie lebt, in einem Verhältnis, in dem der Vater auch schwach, der Sohn auch stark sein darf.

Im zweiten Teil nimmt dieser »Familienroman« dann mit dem Hinzutreten einer neuen Figur eine entscheidende Wendung. Auf seiner Flucht vor den Räubern erscheint Pinocchio am Fenster des Waldhauses das wachsbleiche tote Mädchen mit den blauen Haaren[9], das sich im weiteren Fortgang der Handlung als Pinocchios »gute Fee« erweisen wird. Und auch dieser zweite Teil des Familienromans läßt sich unter ein Motto stellen: *Die große Retterin.*

Weiß und Blau sind die Farben, die der Fee bei ihrem ersten Erscheinen zugeordnet werden (später wird sie in einem Haus mit perlmuttfarbenen Wänden wohnen): Weiß, die Farbe des Todes und der Reinheit; Blau, die Farbe der Ferne und der Kühle. Es sind die Farben der Madonna (mit der weißen Lilie und dem blauen Mantel), und eine Madonnen-Figur ist Pinocchios Fee in der ihr eigenen Ambiguität von Zuwendung und Unnahbarkeit. Schon bei ihrem ersten Auftreten repräsentiert sie »die Kälte einer Wachsstatue, taucht auf als Erscheinung aus einer irrealen oder surrealen Welt, wie bestimmte unglaubliche, auf Dächern vor blauem Himmel ausgespannte Figuren auf den Bildern von Chagall«[10]. Während Geppetto von unmittelbarer spontaner Herzlichkeit zu seinem *burattino* erfüllt ist, entspricht die Haltung der Fee der einer »controllatissima pietà«[11], einer »aufs äußerste kontrollierten Barmherzigkeit«. Durch ein raffiniertes Kalkül von Zuwendung und Entzug wirkt sie als die große Erzieherin, die Pinocchio aus der männlichen Welt der Spiele und Träumereien herausführt und auf den Weg zum »richtigen« und »braven« Menschenkind bringt, ihn erwachsen werden läßt. Die Fee verkörpert die feministische Gewalt der gegenüber dem Jungen dominanten Mutter und setzt ihre wirksamste Waffe ein: die erzieherischen Liebe.

Zurückhaltung bestimmt ihre Reaktion schon auf Pinocchios flehentliche Bitte, ihn vor den Mördern zu retten, die ihn verfolgen: Sie verschwindet vom Fenster, das sich mechanisch, wie von Geisterhand bewegt, wieder schließt (XV). Sie läßt Pinocchio ins Unglück laufen und Todesängste erdulden, und erst dann »zeigte sie sich wieder am Fenster und wurde von Mitleid erfüllt beim Anblick jenes Unglücklichen« (XVI). Aber in dieses Mitleid mischt sich kühle Distanz: »Wie hast du ihn gefunden, lebendig oder tot?« fragt sie den Falken, den sie ausgeschickt hat, um Pinocchio zu befreien.

»Beim Ansehen schien er tot, aber er kann noch nicht wirklich tot sein, denn kaum hatte ich ihm die Schlinge gelöst, die ihm den Hals zusammenschnürte, da ließ er ein Seufzen hören und murmelte leise: ›Jetzt fühle ich mich besser.‹« (XVI)

»Da klatschte die Fee zweimal kurz in die Hände ...«: Es ist die Reaktion der erfahrenen Zauberin, mit der die Fee jetzt die Rettung Pinocchios ins Werk setzt. Die Inszenierung könnte nicht »märchenhafter« sein: Ein prächtig kostümierter Pudel holt den Leblosen mit einem Gespann von hundert weißen Mäusen ab. Anschließend verfrachtet die Fee Pinocchio ins Bett und beruft das Ärztekonzil ein:

»›Ich wünsche von Ihnen zu erfahren, meine Herren‹, sagte die Fee, indem sie sich an die drei Ärzte wandte, die um Pinocchios Bett versammelt waren, ›ich wünsche von Ihnen zu erfahren, meine Herren, ob dieser unglückliche Holzbengel lebendig oder tot ist.‹« (XVI)

Der Zustand des »unglücklichen Holzbengels« wird von der Fee zum Anlaß einer gelehrten Disputation genommen.

Und zum ersten Mal ist Pinocchio jetzt, im Bett der »Mutter«, das, was er dem »Vater« gegenüber nie war: schwach und hilflos. Zum Vater war er frech und unbotmäßig gewesen, und wo er darüber zu Schaden gekommen war – wie in der Szene mit den abgebrannten Füßen –, hatte das mit seinem Dasein als Holzfigur zu tun. Jetzt aber liegt er krank im Bett und leidet wie ein richtiges kleines Menschenkind aus Fleisch und Blut. War er gegenüber dem Vater stark, so wird er gegenüber der Mutter regredieren. Ihr wird er auch in der ganzen Geschichte keinen einzigen Streich spielen.

»Mit der ganzen Geduld einer guten Mutter« (XVII) wendet sich die Fee nach seiner Rettung dem fieberkranken Pinocchio zu, der die bittere Medizin nicht nehmen will. Natürlich hätte sie, die große Zauberin, ihn auch ohne schulmedizinische Rezeptur wieder gesund machen können – aber Pinocchio soll etwas lernen, auch dort noch, wo er auf den Tod krank liegt:

»In diesem Augenblick öffnete sich die Tür des Zimmers und vier Kaninchen traten ein, schwarz wie Tinte, die auf ihren Schultern eine kleine Totenbahre trugen. ›Was wollt ihr von mir?‹ schrie Pinocchio und richtete sich voller Angst im Bett auf. ›Wir sind gekommen, um dich zu holen‹, antwortete das größte Kaninchen.« (XVII)

Hier, in einer der eindrucksvollsten Szenen des Romans, wird von der Fee »aufgeklärte Zauberkunst« arrangiert. Die Geschichte vom Kind, das die verordnete bittere Arznei nicht nehmen will, gehört seit dem 18. Jahrhundert in den Zusammenhang der moralischen Exempelliteratur.[12] Sie mobilisiert die schärfste Waffe der aufgeklärten Pädagogik: die Todesdrohung. Hier wird sie mit den Mitteln des Märchens inszeniert.[13] Die Drohung der Fee wirkt, Pinocchio schluckt die bittere Medizin, und die Fee zieht ein Resümee, mit dem sie Pinocchios Geschichte erneut zum moralischen Exempel verallgemeinert:

»Schäme dich! Die Kinder sollten wissen, daß eine gute Medizin, rechtzeitig genommen, sie vor einer schweren Krankheit und vielleicht sogar vor dem Tod retten kann.« (XVII)

Die Pädagogisierung einer von der Fee arrangierten bitteren Erfahrung des Jungen ist auch Inhalt der nächsten Szene. Die Fee läßt Pinocchios Nase wachsen, um ihn für seine Lüge zu strafen – und amüsiert sich über seine Leiden:

»Drehte er sich hierhin, schlug die Nase ans Bett oder an die Fensterscheiben, drehte er sich zur anderen Seite, schlug er sie an die Wände oder an die Zimmertür, und wenn er ein wenig den Kopf hob, stieß er sie beinahe der Fee ins Auge. Und die Fee schaute ihn an und lachte ...« (XVII)

War die wachsende Nase bei der Erschaffung Pinocchios Ausdruck seines Aufbegehrens gegen den Vater gewesen, so wird er von der Mutter gerade an diesem Organ gestraft.

Vor der großen Mutter hat das Kind auch keine Chance, sein Inneres zu verbergen. Die Mutter weiß alles:

»›Warum lacht Ihr?‹ fragte sie der Holzbengel ganz verwirrt und fassungslos wegen jener Nase, die zusehends länger wurde. ›Ich lache über die Lüge, die du gesagt hast.‹ – ›Aber wieso wißt Ihr, daß ich eine Lüge gesagt habe?‹ – ›Die Lügen, mein Junge, erkennt man sofort ...‹« (XVII)

Auch jetzt läßt die Fee den Jungen in seinem Unglück zappeln, bis sie sich seiner erbarmt, um dann am Ende mit seiner Rettung gleich wieder eine allgemeine Lehre zu verbinden:

»Wie ihr euch vorstellen könnt, ließ die Fee den Holzbuben eine gute halbe Stunde weinen und schreien über seine Nase, die nicht mehr durch die Zimmertür ging, und sie tat das, um ihm eine strenge Lektion zu erteilen, damit er sich die schlimme Unart des Lügens abgewöhnen sollte, die schlimmste Unart, die es für einen Jungen geben kann ...« (XVIII)

Dann läßt die Fee tausend große Vögel ins Zimmer kommen, die sich auf Pinocchios Nase setzen und sie auf ihre alte Länge zurückpicken. Jetzt hat Pinocchio gelernt, was Mutterliebe ist.

»›Wie gut Ihr seid, meine Fee‹ sagte der Holzbube und wischte sich die Augen aus, ›und wie lieb habe ich Euch.‹ ›Auch ich habe dich lieb‹, antwortete die Fee ...‹« (XVIII)

Wenn du so bist, wie ich dich haben will – ein braver Junge –, dann liebe ich dich: nach dieser Maxime erzieht die Mutter das Kind. Sie weiß alles (»Ich habe an alles gedacht ...« XVIII), sie kann alles, sie »läßt ihr Kind nie aus den Augen« (XXXIV). Im rechten Augenblick ist sie zugegen und ebenso rasch wieder von der Bildfläche verschwunden. Sie führt Pinocchio in Bewährungsproben, und wenn er in die pädagogischen Fallen getappt ist, läßt sie ihn gebührend zappeln, bevor sie ihn rettet. Ihr immer überraschendes Auftreten und Wiederverschwinden ist Zuwendung und Entzug von Liebe – bis hin zum härtesten Mittel: dem zur Bestrafung des Kindes inszenierten eigenen Tod. Als Pinocchio, dem Gefängnis entkommen, den Dienst als Wachhund bei dem Bauern quittiert hat, kehrt er in den Wald mit dem weißen Häuschen der Fee zurück:

»Aber das weiße Häuschen war nicht mehr da. Statt dessen war da ein kleiner Marmorstein, auf dem in Blockschrift diese traurigen Worte standen: Hier ruht das Mädchen mit den blauen Haaren, gestorben aus Gram, weil es von seinem Brüderchen Pinocchio verlassen wurde.« (XXIII)

Natürlich ist auch dies nur pädagogische Inszenierung, vielleicht die schmerzhafteste, die ein Kind erfahren kann.[14]

Am Ende des Romans betritt dann freilich wieder der Vater die Bühne. Pinocchio findet ihn im Bauch des großen Haifischs. »Ach mein liebes Väterchen, endlich habe ich dich wiedergefunden.« (XXXV) Und wie Aeneas den alten Vater Anchises aus dem brennenden Troja, so rettet Pinocchio seinen *babbino* aus dem Bauch des Fisches und schwimmt, den Alten auf den Schultern, mit ihm an Land.

Das Bild von der Rettung des Anchises auf den Schultern des Aeneas ist seit der Emblematik des Barock das Sinnbild der *pietas filiorum in parentes*.[15] Um solche »Pietät« geht es auch in Collodis Roman, und dies gehört in den Zusammenhang dessen, was Paul Hazard die »praktische Moral« des Buches genannt hat.[16] Auf die Frage, warum eigentlich das Kind nicht ewig ein Kind bleiben kann, warum es zur Schule gehen, lernen und arbeiten muß, vermeidet der Roman alle großen und erhabenen Antworten. Das Kind muß erwachsen werden, um im Alter »Trost und Stütze« (VIII) des Vaters zu sein. Der vom verlorenen Sohn aufgekündigte Generationenvertrag wird am Ende wieder in sein Recht eingesetzt. Das letzte Kapitel des Romans erzählt davon, wie Pinocchio, nachdem er Geppetto aus Lebensgefahr errettet hat, nun auch zum Ernährer des Vaters wird. Er arbeitet für seinen Lebensunterhalt. Die abstrakte Moral der Arbeit, die er auf der »Insel der fleißigen Bienen« erlernt (und wieder vergessen) hat, bekommt jetzt ihren Sinn. Und das *happy end* des Kindheitsromans stellt die Vater-Sohn-Beziehung in neuer, endgültiger Form wieder her:

»Er ging in das Nebenzimmer und fand dort den alten Geppetto, gesund, munter und gutgelaunt wie einst; er hatte sogleich sein Handwerk als Holzschnitzer wiederaufgenommen und war gerade dabei, einen wunderschönen Rahmen zu entwerfen, reich geschmückt mit Blättern, Blumen und Köpfen verschiedener Tiere. – ›Erlöse mich von meiner Neugier, Väterchen. Wie kann man alle diese plötzlichen Veränderungen erklären?‹ fragte Pinocchio, indem er ihm an den Hals sprang und ihn mit Küssen überhäufte. – ›Dieser plötzliche Wandel in unserem Hause ist allein dein Verdienst‹, sagte Geppetto.« (XXXVI)

An dieser Stelle erblickt der Knabe Pinocchio sich selber: »... eine große Holzpuppe, die auf einem Sessel lag, den Kopf nach einer Seite gedreht, die Arme herunterbaumelnd, die Beine gekreuzt und in der Mitte umgeschlagen, so daß es ein Wunder schien, wie sie jemals aufrecht stehen konnte« (XXXVI).

Es ist das Bild seiner Kindheit, das der Erwachsene hier sieht – und er kann es schon nicht mehr verstehen.

Pinocchios Wiederkehr oder Der Roman der zweiten Kindheit. Weißes Kaninchen und Peter Pan

Ende der Lektüre: Die Langeweile – Collodis Amnesie – Die Geschichte beginnt von neuem – Der »regrediente Kindheitsroman« – Alices »Abenteuer im Wunderland« – Verführer-Tier und Entführer-Tier – Unordnung der alphabetisierten Welt – Lineare und zyklische Zeit – Der Roman der wiedergefundenen Kindheit als unendliche Geschichte – Peter Pan kommt immer wieder – Der Holzbube spricht sich fort.

Wenn wir, die Leser, am Ende Pinocchio als den braven Jungen verlassen, der er werden wollte und der er schließlich geworden ist, stellt sich Langeweile ein. Es ist jenes Erwachen aus der Lektüre, das dem Ende eines jeden Romans folgt. Und es ist die schmerzliche Einsicht, daß der Roman der Kindheit hier sein Ende gefunden hat, ein notwendiges und unvermeidliches Ende. Collodi selber hat es beim Schreiben hinauszuzögern gesucht, aber schließlich mußte auch er sich dem Gesetz der Gattung beugen. Und der letzte Satz seines Romans – »Wie blöde *(buffo)* war ich doch, als ich noch eine Holzpuppe war, und wie zufrieden bin ich jetzt, ein braver Junge geworden zu sein« – läßt mit dem »zufriedenen« Helden einen ganz und gar unzufriedenen Leser zurück. Denn die »Blödheit« Pinocchios hatte die Handlung des Romans in Bewegung gesetzt, mit ihrem Verlöschen ist auch er an sein Ende gelangt. Der Roman der Kindheit duldet keinen offenen Schluß.

Wir, die Leser, sind natürlich geneigt, unsere eigene Unzufriedenheit in Zweifel an Pinocchios Zufriedenheit zu verwandeln. Ist es wirklich vorstellbar, daß der Schelm, der er immer war, gerade diesmal seinen eigenen guten Vorsätzen treu bleiben sollte? Wird er nicht wieder der nächstbesten Verführung erliegen?

Schon Collodi scheint Schwierigkeiten mit dem letzten Satz seines Buches gehabt zu haben. In einem Gespräch behauptete er keck, er könne sich nicht daran erinnern, Pinocchios Geschichte auf diese Weise beendet zu haben.[1] Natürlich hat er sie genau so beendet.[2] Aber die Amnesie des Autors ist bezeichnend; sie ist ein Indiz für seine Sympathie mit dem Bösewicht. Generationen von späteren Lesern sollten sie teilen, und viele unter ihnen mochten sich mit dem Ende des Romans nicht abfinden.

Sollte dieses Ende wirklich unvermeidlich und definitiv sein? Schon Otto Julius Bierbaum, der Münchener Bohème-Dichter und Autor der ersten deutschen »Pinocchio«-Version (1905), läßt seinen »Zäpfel Kern« am Schluß des Romans nicht zum Menschenkind werden, sondern der Holzbube bleiben, der er immer gewesen ist. Auch in Luigi Malerbas *Pinocchio con gli stivali* (»Der gestiefelte Pinoccio«, 1977) entschließt sich der kluge Held, das Schicksal von »Kapitel 36« zu meiden; er weiß ja, was ihn dort erwartet, und zieht es daher vor, sich weiter in der internationalen Märchen-Welt zu tummeln.[3]

»Schrecklich, dieses Ende!« findet auch der Regisseur Roberto Benigni (»Pinocchio«, 2002); »man möchte die Leiche des *burattino*, wie sie da auf dem Sessel liegt, umarmen und rufen ›Werd wieder lebendig! Werd wieder lebendig!‹«. Am Ende seines Films begleitet der Schatten des *burattino* den *ragazzo perbene* auf seinem Weg ins Leben. Ein noch vertrackteres Spiel treibt Robert Coover in seinem grotesk-komischen Roman *Pinocchio in Venice* (1991): Nach einem langen und ehrenvollen Leben als intellektueller Mustermensch – Professor, Schriftsteller, Nobelpreisträger – kehrt Pinocchio in seine italienische Heimat zurück und erlebt während des Karnevals in Venedig sein langsames Sterben als allmähliche Rückverwandlung in schäbiges Holz.[4] Liegt der Gedanke nicht nahe, Pinocchios Geschichte dort weiterzuerzählen, wo sie sein Autor beenden mußte?

»Da steht er, er ist jetzt ein Mensch unter Menschen, und alles was für wahr und gut gegolten hat, trifft auf ihn zu: er ist hilfreich, redlich, brav, zufrieden, gesund, fleißig, aufmerksam, nützlich, anstellig, ergiebig, folgsam und bei alledem gut gelaunt. Kein Grund zur Klage. Er ist die Freude seines alternden Vaters; Begierde zu lernen erfüllt ihn; er fällt nicht aus dem Rahmen. Seine Kleider sind sauber, er wäscht sie vermutlich selbst...« So beginnt eine Erzählung von Christoph Meckel (»Das Hölzerne Bengele«, 1971), die dort einsetzt, wo Collodis Roman endet, und dieses Ende nicht akzeptieren will.[5] Meckel erzählt, wie es eines Tages in den Gelenken des braven Menschenjungen zu knacken beginnt und Pinocchio vom »Holzfieber« befallen wird. Schließlich verwandelt er sich wieder in die Holzpuppe, die er einmal war. Die Erzählung kann von neuem beginnen.

Die Geschichte, die an diesem Punkt beginnt, ist der Roman der anderen, der zweiten Kindheit. Ich nenne ihn den regredienten Kindheitsroman, auch er ein Produkt des 19. Jahrhunderts und seines Kindheitsmythos'. Der *regrediente Kindheitsroman* setzt dort ein, wo sein Pendant endet. Sein Held hat den Weg der Bildung vom Kind zum Erwachsenen bereits hinter sich und geht nun den Weg zurück: in die ausgetriebene, verlorene Kindheit, in die Traumkindheit. Elemente dieses Kindheitsromans finden sich in den Erzählmustern der Autobiographik, in der Alltagsrede über Kindheit (Kindheitserinnerungen), in der Kindheitslyrik, der Novellistik, aber auch im philosophischen und pädagogischen Diskurs. Progredienter und regredienter Kindheitsroman erzählen aus gegensätzlichen Perspektiven die Geschichte der Kindheit im bürgerlichen Zeitalter: Mit der zunehmenden sozialen und kulturellen Distinktion von »Erwachsenen« und »Kindern« im Prozeß der Zivilisation ist Kindheit lebensgeschichtlich zum Untergang verurteilt. Sie wird damit einerseits zur Irritation, andererseits zum exotischen Faszinosum.

Erzählt Collodis *Le avventure di Pinocchio* den progredienten Kindheitsroman – die Geschichte von der Menschwerdung des Kindes –, so erzählt Lewis Carrolls 1865 erschienenes *Alice's Adventures in Wonderland* dessen regredientes Pendant: die Geschichte von der anderen, der zweiten Kindheit. »Abenteuer« versprechen beide bereits im Titel, in beiden

Romanen geht es um die Abenteuer einer Kindheit, die nicht Kindheit bleiben kann.

Alice was beginning to get very tired ... Die Eingangssituation von Carrolls Roman stellt uns ein Kind vor Augen, in dem wir Pinocchios Schicksal nach dem schwierigen Prozeß seiner Menschwerdung erkennen: ein stillsitzendes Kind, ein Lesekind, ein braves Kind. Die Konsequenz ist dann unausweichlich: Alice langweilt sich. »Alice war es allmählich leid, neben ihrer Schwester am Bachufer stillzusitzen und nichts zu tun; denn sie hatte wohl ein- oder zweimal einen Blick in das Buch geworfen, in dem ihre Schwester las, aber nirgends waren darin Bilder oder Unterhaltungen abgedruckt – ›und was für einen Zweck haben schließlich Bücher‹, sagte sich Alice, ›in denen überhaupt keine Bilder und Unterhaltungen vorkommen?‹«.[6] An dieser Stelle taucht das Weiße Kaninchen auf und veranlaßt Alice, ihm zu folgen. Sie stürzt in den tiefen Schacht der Kaninchenhöhle, dessen Wände »aus lauter Bücherregalen und Wandschränken bestanden«[7]: Es ist der Sturzflug durch die Geschichte der Alphabetisierung, zurück ins Bodenlose der Kindheit.

Im regredienten Kindheitsroman hat sich das Verführer-Tier ins Entführer-Tier verwandelt. Füchsin und Kater hatten Pinocchio mit ihren goldenen Versprechungen auf den *campo dei miracoli,* das »Wunderfeld« (XII) gelockt – und sie zogen ihn damit ins Verderben, am Ende des Weges lauerte der Tod an der Großen Eiche. Auch das Weiße Kaninchen lockt ins »Wunderland«, aber Alice wird dort wirklich Wunderdinge erleben, und der Tod, den sie dabei erleidet, ist ihr nur ein Spaß. »Sogar nach einem Sturz vom Dach würde ich jetzt nicht einmal mehr Mucks sagen.«[8]

Das »Wunderland« des regredienten Kindheitsromans ist nicht einfach die Welt des *nonsense.* Es ist die Welt eines artifiziellen *countersense,* einer Gegen-Ordnung gegen die Welt der Alphabetisierung. Carrolls Roman stellt eine aus den Fugen geratene Kindheit dar, in der nichts mehr so funktioniert, wie es im pädagogischen Diskurs funktionieren soll. »Trink mich!« lockt die Aufschrift auf dem Fläschchen, das Alice nach ihrem

Absturz in der Kaninchenhöhle vorfindet, und natürlich hatte auch Alice, als sie noch in der Welt der Bücher lebte, »verschiedene schöne Geschichten von Kindern gelesen, die sich verbrüht hatten oder von wilden Tieren zerrissen worden oder in andere unangenehme Lagen gekommen waren, und alles nur, weil sie sich die leichten Regeln einfach nicht merken wollten, die ihnen freundliche Menschen mit auf den Weg gegeben hatten«[9]. Aber bereits das Rekapitulieren dieser »leichten Regeln« fällt Alice jetzt schwer, die Erinnerung an die moralischen Geschichten verwirrt sich in ihrem Kopf[10], und schließlich folgt sie bedenkenlos der Aufforderung »Trink mich!« auf dem Fläschchen mit der unbekannten Flüssigkeit – eine Handlung, die, wären wir im progredienten Kindheitsroman, unweigerlich in die Katastrophe führen würde.

Carrolls Roman ist durchzogen von solchen hintersinnigen Anspielungen auf den pädagogischen Diskurs: Alice versucht sich im Einmaleins, in der Geographie, im Aufsagen von Gedichten, sie bemüht die Deklinationsregeln der lateinischen Grammatik, die Erinnerungen an den Geschichtsunterricht und an das Französisch-Lehrbuch.[11] Sie praktiziert auch im Verhalten gegenüber den merkwürdigen Wesen, die ihr im »Wunderland« begegnen, jene Umgangsformen, die einem wohlerzogenen Kind in Oxford und anderswo wohl angestanden hätten. Aber sie wird feststellen müssen: »Nie und nimmer sind das die richtigen Worte.«[12]

Die »richtigen Worte« sind hier die falschen, und die falschen die richtigen. Denn »regredienter« und »progredienter« Kindheitsroman lassen sich als Parallelbücher lesen. Motive, Situationen und Handlungen kehren wieder, aber sie werden unterschiedlich erlebt. Der Verlust der »Körpergewißheit« (eine wichtige Station der kindlichen Entwicklung) spielt in beiden Romanen eine besondere Rolle. Für Pinocchio ist sie Strafe: Als er lügt, wird seine Nase so lang, »daß sie nicht mehr durch die Türe ging« und er »nicht mehr wußte, wo er sich verstecken sollte vor Scham«. (XVII) Für Alice ist sie Lust, die beinahe selbstverständlich vollzogene Anpassung an die Gegebenheiten im »Wunderland«. Nachdem sie von der nicht verbotenen Flüssigkeit getrunken hat, schrumpft sie, wird klein und immer kleiner, bis sie schon darüber nachdenkt, wie sie wohl aussähe, wenn sie ganz verschwinden würde. Anschließend geht sie auseinander »wie das längste Fernrohr, das es jemals gegeben hat« (»Ihr armen kleinen Füße, wer wird euch jetzt wohl Schuhe und Strümpfe anziehen?«)[13], bis sie mit dem Kopf an die Decke stößt: Körpererfahrungen, denen – im Falle Alices und des regredienten Kindheitsromans – ebenso das Grauen innewohnt wie – im Falle Pinocchios und der progredienten Variante – die Lust.

Auch in Alices Kindheitsroman geht es schließlich um nichts Geringeres als um eine Verwandlung. Von der Mock Turtle, der »Falschen Suppenschildkröte«, gegen Ende der Geschichte nach ihren Erlebnissen befragt, erklärt Alice zaghaft: »Ich könnte euch erzählen, was ich seit heute morgen erlebt habe (...), aber weiter zurückzugehen hätte keinen Sinn, weil ich da noch jemand anderer war.«[14] Das »Wunderland« hat aus Alice eine andere gemacht.

An diesem Punkt wird die unterschiedliche Zeitstruktur der beiden Kindheitsromane deutlich. Pinocchios Roman ist linear. Er endet mit der Verwandlung des Helden; am Schluß der Geschichte sieht der Menschenjunge die Figur des Holzbuben wie eine abgelegte Larve über dem Sessel baumeln (XXXVI). Alices Roman hingegen ist zyklisch. Er muß dort enden, wo er begonnen hat: »Auf einmal war sie wieder am Bachufer und lag mit dem Kopf ihrer Schwester im Schoß ... ›Wach auf, liebe Alice!‹, sagte ihre Schwester. ›Wie lang du geschlafen hast!‹«[15] Niemandem wird eine zweite Kindheit geschenkt, es sei denn im Traum.

Aber wie Collodi Schwierigkeiten hatte, den Roman vom Verschwinden der Kindheit zu beenden, so Carroll mit jenem von der wiedergefundenen Kindheit. Während die kleine Alice, von ihrem »Traum« erwacht, durch das Gras davonläuft, kommt die ältere Schwester selber ins Träumen. Ihr Traum ist ein Tagtraum, es ist die Reflexion des Erwachsenen, auch des Autors, über die Erlebnisse der kleinen Alice und ihren »Sinn« und ihre »Fortsetzung«: »Und zuletzt malte sie sich aus, wie dieselbe kleine Schwester, die eben davongelaufen war, eines Tages auch erwachsen wäre und sich wohl auch in reiferen Jahren das einfältige liebevolle Herz ihrer Kindheit bewahrt hätte, und sah vor sich, wie sich andere kleine Kinder um sie scharten und wie auch deren Augen aufleuchteten bei manch einer seltsamen Geschichte, vielleicht sogar, wer weiß, bei der Geschichte des Traumes vom Wunderland aus alter Zeit; und wie sie traurig war mit all ihren Schmerzen und fröhlich mit all ihren Freuden im Gedanken an ihre eigene Jugendzeit und selige Sommertage.«[16]

Der Roman von der wiedergefundenen Kindheit wird auf diese Weise zur unendlichen Geschichte. Er erneuert sich im »kindlichen Herzen«, in der Erinnerung an die eigene Kindheit, in der Kindheitspoesie, in der Generationenfolge.

Das romantische Muster von der zweiten, der im Alter, an der Todesgrenze wiedergefundenen Kindheit – es begegnet uns zum ersten Mal in E.T.A. Hoffmanns Märchennovelle »Das fremde Kind«[17] – ist das Thema auch eines anderen Kindheitsromans des bürgerlichen Zeitalters: James M. Barries »Peter Pan«[18]. Auch dieser Roman ist eine »Entführungsgeschichte«, wie zahlreiche andere kinderliterarische Klassiker des gleichen Zeitraums – ich erinnere an Rudyard Kiplings »Dschungelbücher« (1894/95), Selma Lagerlöfs »Wunderbare Reise des kleinen Nils Holgersson mit den Wildgänsen« (1906/7) und an Waldemar Bonsels' »Die Biene Maja und ihre Abenteuer« (1912) –, in denen das Erzählmodell der zyklischen Zeit herrscht. Peter Pan entführt Wendy aus ihrem Kinderzimmer ins Niemalsland, Warnung und Wachsamkeit der Eltern sind vergebens. Als Wendy dann erwachsen wird, bleibt der geheimnisvolle Entführer allmählich aus; erst als sie ein eigenes Kind hat, sieht sie ihn wieder, denn er kommt, um auch dieses zu entführen – »und so geht das immer weiter, solange Kinder froh und unschuldig und herzlos sind«.[19]

Auch der regrediente Kindheitsroman handelt von der Weigerung, erwachsen zu werden. Er ist die Antwort auf den Wunsch, »der Zeiten Wandel nicht zu sehn/Zum zweiten Mal ein Kind« (Klaus Groth/Johannes Brahms)[20]. Er entführt den

Leser in die Utopie einer Kindheit, deren Protagonist niemand anderes als sein inneres Kind ist.

Pinocchio – der Roman der Kindheit – reizt wie kein anderer Roman dazu, weitererzählt zu werden. In diesem Sinne lese ich auch Peter Härtlings Gedicht »Pinocchio«:

In Pinocchio der Holzwurm summt,
im Kopf und in den Knien,
er ist schon alt und ist verstummt,
er hat sich sein Holz nicht verziehn.

Ein Atemsprung, das Holz erwacht
nicht Fleisch wirds und nicht Luft:
es bleibt im Wort, aus Wort gemacht,
regt sichs, wenn einer ruft.

Sein Silbenherz versöhnt das Spiel,
in Sätzen hüpft sein Leben:
Subjekt, Objekt – es braucht nicht viel,
den Bengel aufzuheben.

Er schmeckt das Verb, nicht seinen Sinn.
Er sagt sein Holz, nicht seinen Geist.
Er weiß im Her nie auch das Hin.
Und nur im Zuruf ist er nicht verwaist:

Pinocchio Pimpinelle
rühr dich von der Stelle,
spring ins Wort
sprich dich fort
Pinocchio Pimpinelle.[21]

Was Christoph Meckel oder Luigi Malerba in ihren »Fortsetzungsgeschichten« vom hölzernen Bengele erzählen, bekommt in diesem Gedicht eine poetologische Wendung. Nur in der Sprache lebt Pinocchio, nur in der Sprache kann der Roman der Kindheit weitererzählt werden.

Pinocchio alias Zäpfel Kern.
Otto Julius Bierbaum und die Verwandlung des Burattino in den Kasper

Bierbaum und Italien – Die gute und schöne Fee Frau Dschemma – Pinocchio wird deutsch – Neue Namen – Politische und zeitkritische Tendenzen – Die Aktualisierung des Stoffes im wilhelminischen Deutschland – Die Inszenierung des Wunderbaren – Kasper, ein deutscher Pinocchio? – Zäpfel Kerns Ende im deutschen Wald.

»Eine deutsche Kasperlegeschichte frei nach Collodis italienischer Puppenhistorie«: Schon der Untertitel von Otto Julius Bierbaums *Pinocchio*-Bearbeitung *Zäpfel Kern* – der ersten deutschsprachigen Version des Buches – spricht den nationalen Charakter von Original und Übertragung an. »Ausgesprochen deutsch«, so wiederholt es Bierbaum im Vorwort, sei seine Bearbeitung, so wie das Original »ausgesprochen italienisch«.[1]

Bierbaum war ein Kenner und Bewunderer Italiens. Er hatte 1901 die Toskanerin Gemma Pruneti geheiratet – und ihr, seiner »guten und schönen Fee Frau Dschemma«, hat er seine *Pinocchio*-Übertragung gewidmet. *Dschemma* (in der phonetischen Schreibweise des italienischen Namens klingt Orientalisches an) nennt er auch Zäpfel Kerns Fee, und der Name hat für Bierbaum symbolische Bedeutung: »Dschemma (...), das heißt aus dem Himmlischen ins Irdische übersetzt zweierlei. Einmal: Träne des Weinstocks, und das bedeutet innerste lebendigste Güte des treibenden Lebens, und dann: Gestalt, geschnitten aus einem Edelstein, und das bedeutet: Edelste Schönheit aus köstlichster Reinheit.[2] *Treibendes Leben* und *edelste Schönheit*: Es sind die Zauberformeln aus Lebensphilosophie und Ästhetizismus des *Fin de siècle*, die jetzt in Collodis *bonissima fata* Gestalt annehmen. Bierbaum teilt die Vorliebe anderer zeitgenössischer Autoren (ich denke an Hanns Heinz Ewers, Hugo von Hofmannsthal, Oscar Wilde oder Marcel Schwob), Märchenfiguren als symbolische Wirklichkeiten zu verstehen.

Vermutlich durch seine toskanische Frau war Bierbaum auf *Pinocchio* aufmerksam geworden. Der junge Münchner Bohemien und »Überbrettl«-Autor, Journalist und Dichter der leichten Muse hatte, in der Art, wie er lebte und schrieb, viel mit Collodi gemeinsam: das Faible für Ironie und Zeitkritik, die Vorliebe für Theater und Tagesjournalismus, das Interesse an »Kindheit« und »Jugend«. Drei Jahre nach seiner »empfindsamen Reise im Automobil von Berlin nach Sorrent« (der ersten literarischen »Auto-Reise«) erscheint seine deutsche Version des »Pinocchio«. Er schlägt dabei mit seinem Programm der Nationalisierung des Stoffes einen Weg ein, der auch an den späteren deutschen *Pinocchio*-Übersetzungen verfolgt werden soll und der insgesamt bezeichnend für die Übertragung von Werken der Kinderliteratur ist: Der fremde Stoff wird dem eigenen kulturellen Milieu assimiliert.

»Ausgesprochen deutsch« wird Pinocchio in Bierbaums Übertragung bereits mit der Wahl der Namen für die Personen der Handlung. Collodis Pinocchio erscheint – philologisch nicht ungeschickt – als »Zäpfel Kern«, Maestro Ciliegia als »Meister Pflaume«, der Puppenspieler Mangiafuoco als »Direktor Fürchterlich«, der böse Freund Lucignolo als »Spinnifax«. Auch Figuren oder Situationen des italienischen Originals, die die Kenntnis bestimmter lokaler Gegebenheiten voraussetzen, werden dem deutschen Leser »vertraut« gemacht. Die deutschen Kindern wohl weniger bekannte Sprechende Grille zum Beispiel heißt bei Bierbaum »Professor Doktor Maikäfer«, und wo Pinocchio von Weintrauben nascht, tut sich Zäpfel Kern an Äpfeln gütlich.

Mehr als mit solchen Einzelheiten der Adaptation greift Bierbaum mit der politisch-zeitkritischen Tendenz seiner Bearbeitung den Charakter des Originals an. Schon Collodis Roman enthielt an mindestens zwei Stellen zeitkritische Anspielungen: in der Satire auf die gelehrten Ärzte (XVI) und der Polemik gegen die ungerechten Richter (XIX). Bierbaum – politisch ein liberaler Kopf und geistreicher Kritiker von Geld- und Machtpolitik – erweitert dieses im Original eher nebensächliche Element der Zeitkritik, indem er seinen *Zäpfel Kern* mit zahlreichen satirischen Anspielungen spickt. Sie erreichen freilich selten die Schärfe einer guten Karikatur aus dem »Simplicissimus«, in dessen geistigem und politischem Umfeld sie durchaus anzusiedeln sind. Statt dessen bleiben sie meist auf der Ebene des Kabarettistisch-Gefälligen, so wenn der betrügerische Fuchs als der »rote Baron« tituliert wird[3] oder Zäpfel Kern, vom Maikäfer vor Räubern gewarnt, die am Wege lauern, antwortet: »Bei uns in Deutschland gibt's keine Räuber, sondern Gendarmen.«[4]

Ganz deutlich auf aktuelle Zeitkritik zugespitzt hat Bierbaum eine skurrile Szene, die bei Collodi allgemein-metaphorischen Charakter hatte. Bei ihrer Reise zum *Campo de' miracoli* (»Wunderfeld«), wo dem leichtgläubigen Pinocchio von Kater und Füchsin eine Vermehrung seiner Goldmünzen in Aussicht gestellt worden war, kommen die drei in die Stadt *Acchiappacitrulli* (»Dummenfang«), einer Stadt, in der bei Collodi die nützlichen und die schönen Tiere betteln müssen, während die Raubtiere die großen Herren sind. Bierbaum hat diese Szene politisch aktualisiert.

Seine Stadt Dummenfang ist das »Land Hurrasien«, das Wunderfeld gehört dem »Baron Rothschild«, die Grenzen werden von Bluthunden bewacht, die den Reisenden Zollplomben verpassen, die Polizisten und die Wächter am »Reichsgericht« sind Bulldoggen – und für die, die es immer noch nicht verstanden haben, heißt es:

»Sie befinden sich im Reiche Hurrasien, das unter der glorreichen Regierung seiner Majestät des Kaisers Frißall wunderbar blüht und gedeiht, wie Sie sehen (...). Hurrasien ist der Raubtierstaat, in dem es nur auf das Gedeihen der adligen Raubtierrassen ankommt. Wir anderen sind zum Hungern da, damit die edlen Herren von Reißzahn und Klaue es erst recht angenehm merken, wie lieblich es ist, wenn man den Bauch voll hat.«[5]

Von Fuchs und Katze war Zäpfel Kern das alles als »Schlaraffenland« angepriesen worden.[6] Aber das Wort hat bei Bierbaum die gleiche ironische Bedeutung und zielt auf die Denunzierung des gleichen Milieus wie in Heinrich Manns fünf Jahre früher erschienenem Roman »Im Schlaraffenland. Ein Roman unter feinen Leuten«. Mit seiner handfesten Politisierung des Märchenhaften folgt Bierbaum einer um die Jahrhundertwende verbreiteten Tendenz. Im Hinblick auf das toskanische Original versteht er sich als »Verdeutscher« in einem ganz besonderen Sinn: er »nationalisiert« es, indem er es ganz auf ein bestimmtes zeitgenössisches Milieu, den wilhelminischen Obrigkeitsstaat, festschreibt.

An vielen Stellen ist Bierbaum in diesem Sinne Collodis Text mächtig zu Leibe gerückt. Bevor Zäpfel Kern mit den anderen Ausreißern aus dem »Verein Auskneifia« (einer Anspielung auf die Studentenverbindungen) nach »Spielimmerland«, Collodis *Paese dei balocchi*, kommt, passiert man das Land »Wanstphalen«, wo die Menschen sich bei Knödel und Bier zur Ruhe gesetzt haben und ihre überdimensionalen Bäuche auf Karren vor sich her fahren. In »Spielimmerland« wird vor allem »Soldaten« gespielt. Man inszeniert eine Militärparade, Zäpfel Kern wird zum König gekürt, Spinnifax zum Reichskanzler, und auf dem Höhepunkt der Krönungsfeierlichkeiten singt man nach der Melodie von »Heil dir, im Siegerkranz …« die neue Hymne »Heil, König Zäpfel dir …«[7]

Militärisch geht es in diesem »ausgesprochen deutschen« Buch auch sonst zu, und nicht immer wird dem Leser klar, ob der Autor den Militärwahn der Zeit vor dem Ersten Weltkrieg in kritischer Absicht parodieren will oder ob er seine Embleme schlicht übernimmt. Als Geppetto (bei Bierbaum heißt er »Zorntiegel«) von dem Haifisch (bei Bierbaum einem »Walfisch«) verschluckt wird, findet er in dessen Bauch ein ganzes Kanonenboot vor, durch dessen Proviantkammer er gerettet wird; am Ende schießen sich Zorntiegel und Zäpfel Kern mit Hilfe des Kriegsschiffes aus dem Bauch des Riesenfisches heraus.[8]

Eine weitere, für Bierbaums Textbearbeitung charakteristische Tendenz besteht darin, daß er das »Wunderbare« immer wieder auf eine besonders effektvolle Weise in Szene setzt. Auch darin ist *Zäpfel Kern* »ausgesprochen deutsch«. Denn in der zweiten Hälfte des 19. Jahrhunderts hatten sich Sprache und Darstellungsform des Märchens in Deutschland von älteren »einfachen Formen« mehr und mehr zu immer prächtigeren Inszenierungen hin entwickelt. In den Bühnenstücken der »Weihnachtsmärchen« wurden die alten Stoffe glanzvoll drapiert, mit ausladenden Bühnendekorationen, Chören und Gruppenszenen ausgestattet. Verglichen mit Collodis *Pinocchio* haben einzelne Szenen in *Zäpfel Kern* durchaus solchen »theatralen« Charakter. Das betrifft vor allem die Fee und ihr Ambiente. Während sie Collodi mit einfachen erzählerischen Mitteln einführt (XV), scheint Bierbaums aufwendige sprachliche Inszenierung einer Märchenoper nachempfunden zu sein:

»Und da tat sich über dem Tore, wie von unsichtbarer Hand geöffnet, ein goldener Fensterladen auf, und ein goldenes Licht fiel schräg auf Zäpfel Kern herab, und goldener, leuchtender noch als dieses Licht erschien ein wunderbares Antlitz am Fenster, das Antlitz der schönsten Frau auf Erden. Braun, aber mit einem goldenen Schimmer darum, waren die Haare, braun, aber mit einem goldenen Leuchten darin, waren die Augen. Gelblich-rosa wie Rosenblätter samten und frisch war die Haut. Die Lippen der Frau hatten die Röte von Walderdbeeren und waren schwellend und zarthäutig wie Himbeerfleisch – und so war alles an diesem Antlitz zart und mild«.[9]

Selbstverständlich wohnt diese »Märchenfee« nicht wie bei Collodi in einem kleinen weißen Häuschen im Wald. Wie auf Moritz von Schwinds Märchen-Bilderbogen wird altdeutsch inszeniert (die Vorstellungen vom Märchen hatten sich in Deutschland inzwischen mit dem Mythos vom Mittelalter verbunden). Ein Schloß »mit Zinnen und Türmen« ist es, davor »ein schrecklich hohes, schmiedeeisernes Gitter, und es war ganz mit Kletterrosen überwachsen«[10]. Anspielungen auf Motive aus den Grimmschen Märchen putzen auch an anderen Stellen die toskanische Geschichte mit vertrauten deutschen Klischees auf.

Auch der Hofstaat der Fee hätte einer großen Operninszenierung alle Ehre gemacht: Es ist ein Dackelregiment in Infanterieuniform, »bis an die Zähne bewaffnet«, das dem ungehorsamen Zäpfel Kern mit der Exekution droht.[11] Erzähltechnisch dramatisiert Bierbaum immer wieder, weitet von Collodi relativ einfach erzählte Sequenzen effektvoll aus. Den Meeressturm, der Pinocchio auf die »Insel der fleißigen Bienen« führt, schildert Bierbaum auf nicht weniger als anderthalb Seiten, wobei Zäpfel Kern auch noch die Bekanntschaft eines schrecklichen Polypen machen muß; aus der Verfolgung Pinocchios durch den Hund Alidoro wird eine wilde Hetzjagd quer durch die Stadt, und die Reise Pinocchios mit der Taube wird in *Zäpfel Kern* gleich zu einer Reise durch die Milchstraße.[12]

Unter allen Elementen der nationalen Adaptation des Stoffes ist vielleicht keines so signifikant wie jenes, das im Untertitel von Bierbaums Buch – »Eine deutsche Kasperlegeschichte« – aufscheint. Es geht um die Verwandlung des italienischen *burattino* in einen deutschen *Kasper*. Nicht nur Otto Julius Bierbaum, auch späteren deutschen Übersetzern des *Pinocchio* hat die Gestalt des italienischen *burattino* Probleme gemacht. Bierbaum verwandelt ihn in einen »Kasper«, und spätere Übersetzer sind ihm darin gefolgt. Ein »Kasperletheater« will Bierbaums »Zorntiegel« gründen, und wie Pinocchio das *teatro dei burattini*, so besucht Zäpfel Kern das »Kasperletheater«, wo jetzt statt »Arlecchino« und »Pulcinella« eben »Hanswurst« und »Pimpinella« agieren. Auch sprachlich ist Bierbaums Zäpfel Kern im Kasperletheater zu Hause. Immer wieder produziert er jene komischen Sprachmißverständnisse, wie sie für die Kasperlefigur typisch sind, glänzt in Fremdwortverdrehungen, Ratedialogen und Sprachalbereien.[13]

Bierbaums Verfahren – die Ersetzung des italienischen *burattino* durch den deutschen Kasper – erscheint zunächst plausibel. Die Figur des Kasper paßt von Körperform und Rollencharakter her nicht schlecht zu bestimmten Eigentümlichkeiten der Pinocchio-Figur. Auch Kasper erinnert mit seiner überdimensionalen Nase an die grotesken Körper der Popularkultur. Und er ist ebenfalls eine aufsässige Figur, die sich immer wieder gern mit den Autoritäten anlegt.

Dennoch ist Kasper aus einem anderen Holz geschnitzt als Collodis *burattino*.[14] Die Figur kommt aus der österreichisch-süddeutschen Tradition der Wanderkomödianten, spielte dort die rohe plebejische Rolle, wandelte sich dann im Wiener Vorstadttheater zur lustigen Figur aus dem Dienstboten- oder Bauern-Milieu, um im 19. Jahrhundert zur Lieblingsfigur der Kinderkultur zu mutieren. Kasper verkörpert den durchtriebenen Schelm und (manchmal ein wenig beschränkten) Schlaumeier, er ist trickreich, pfiffig, naschhaft, verfressen, geschwätzig und immer zu Späßen aufgelegt. Was ihm fehlt, ist die Naivität Pinocchios. Ein wahrer Kasper würde sich niemals von Kater und Füchsin mit der Geschichte vom »Wunderfeld« foppen lassen; ein wahrer Kasper würde sich niemals an der Großen Eiche aufknüpfen lassen; ein wahrer Kasper hätte keine Angst vor vier Kaninchen mit einer schwarzen Bahre. Vor allem aber hätte ein wahrer Kasper niemals den Wunsch, ein »braver Junge«, einer wie alle anderen zu werden.

Ganz abgesehen davon, daß Kasper kein »Kind«, sondern ein »Erwachsener« ist, fehlt der Figur die Ambivalenz, mit der Collodi – nach der Wende des Romans im 16. Kapitel – den Charakter seines *burattino* ausgestattet hat und in der die Grundspannung des Romans der Kindheit sichtbar wird. Nicht ohne Grund hatte Collodi die direkte Identifizierung seines Helden mit einer der bekannten Figuren des zeitgenössischen italienischen Puppentheaters vermieden, seinen Pinocchio eben nicht als »Arlecchino«, »Stenterello«, »Sandrone« oder »Fagiolino« agieren lassen. Mit der Verwandlung des *burattino* in den deutschen Kasper verliert die Figur jene für Pinocchio eigentümliche Ambivalenz: Holzpuppe zu sein, aber Menschenkind werden zu wollen, eine Ambivalenz, die auch spätere Übersetzer immer wieder vor Probleme gestellt hat. Pinocchio ist ja, in der Sprache der Psychologie von heute ausgedrückt, »rollenunsicher«; er schwankt zwischen der Lust, eigensinniger Holzbengel zu sein, und dem Wunsch, diese Rolle mit einer anderen, der Menschen-Natur vertauschen zu dürfen. Undenkbar dagegen ein Kasper, der, unzufrieden mit seiner Rolle, seine Roheit, Schamlosigkeit und

Frechheit in Sanftmut, Gehorsam und Gesittung verwandeln wollte! Allenfalls als Gag, als kurzfristiges Täuschungsmanöver könnte Kasper diesen Part spielen.

Bierbaum hatte ein Gespür dafür, daß Pinocchios Verwandlung in einen deutschen Kasper den Charakter der Figur verändern mußte. Daher hat er den Handlungsverlauf seines *Zäpfel Kern* entsprechend korrigiert: Er tut das, indem er, lebensphilosophischen und kunsttheoretischen Positionen der Jahrhundertwende verpflichtet, Zäpfel Kern zum Träger der Botschaft des »Lebens« und der »Kunst« macht, die gegen ihre Unterwerfung unter die »Zivilisation« aufbegehren. Denn das Stück Holz, das sich im ersten Kapitel des Bierbaumschen Romans in der Tischlerwerkstatt von »Meister Pflaume« findet, ist keineswegs Collodis »einfaches Stück Brennholz, wie man es im Winter in Ofen und Kamine steckt, um Feuer anzuzünden und die Stuben zu heizen« (I). Es ist ein Stück Tannenholz, und ein kleines buckliges Männchen mit einem langen weißen Bart hat es aus dem Wald hierhergebracht: der »Waldvater, der uralte«[15], der seinen Sohn Zäpfel Kern mit einem geheimen Auftrag unter die Menschen schickt:

»Aus dem Walde habe ich dich in die Welt getragen, und dort sollst du dein Leben führen (...). Du sollst den Menschen zeigen, daß nicht bloß sie allein Leben haben, und besonders die Menschenkinder sollen von dir lernen, indem sie über dich lachen.«[16]

Zäpfel Kern ist der Sohn des Waldes, des deutschen Waldes, Symbol jener »Natur«, deren elementare Kräfte der »Zivilisation« überlegen zu sein scheinen. Und während Collodis Pinocchio, auch er ja zu Beginn ein Stück »Natur«, am Ende doch den Weg in die »Zivilisation« einschlägt, die allein ihm das wahre menschliche Angesicht geben kann, entscheidet sich Zäpfel Kern für die Regression. Er wird, und die Fee Frau Dschemma bestärkt ihn darin, kein Menschenkind, sondern kehrt am Ende zu seinen »Brüdern« im Wald zurück.

Die Spannung des Kindheitsromans ist damit aufgelöst. Auch darin ist *Zäpfel Kern* »ausgesprochen deutsch«. Der Konflikt zwischen »Natur« und »Zivilisation« wird nicht mehr, wie bei Collodi, gelöst durch pragmatischen Realismus, sondern durch die programmatische Beschwörung einer heilen und heilenden Natur. Bis heute – nicht zuletzt im Zeichen der neuen ökologischen Debatte – erscheinen die Deutschen mit diesem Kult der Natur den Italienern als fremd, als Träumer und Rigoristen. Ein Pinocchio, der im Wald endet – undenkbar!

Pinocchio in Deutschland. Eine Figur der Kinderkultur zwischen nationaler Akkulturation und der Internationale der neuen Medien

Ein Übersetzungserfolg und seine Geschichte – Die verspätete Aufnahme des Romans in Deutschland – Die literarische Akkulturation der Figur – Pinocchio verliert seinen Namen – Die Moralisierung der Geschichte – Kasperle und Hampelmann – »Regionalisierung« und »Internationalisierung« des Stoffes – Walt Disney und die »Amerikanisierung« Pinocchios – Die »Japanisierung« der Figur in der Fernsehserie – Pinocchio im Medienverbundsystem – Serielle Segmentierung – Kindheit heute: Das Prinzip des »Lustigen« – Das Verschwinden des Kindheitsromans im Ideal lebenslänglicher Kindheit.

Die 2003 erschienene Version von Marianne Schneider[1] ist die 40. deutsche Übersetzung des *Pinocchio*[2]. Collodis Roman dürfte damit einer der am meisten übersetzten Texte der neueren italienischen Literatur in die deutsche Sprache sein – unter dem Gesichtspunkt seines Lebensalters von erst 120 Jahren sicherlich der größte Übersetzungserfolg überhaupt. Auch im internationalen Vergleich ist, quantitativ gesehen, die deutsche Rezeption einzigartig. *Pinocchio* wurde zwar in alle Weltsprachen und in sehr viele kleine Sprachen übersetzt, in keine jedoch so häufig wie ins Deutsche.[3] Für die Geschichte der italienisch-deutschen Literaturbeziehungen ist *Pinocchio* daher ein ebenso interessantes Studienfeld wie für die Geschichte des Bildes von Kind und Kindheit in den beiden Ländern und die Wahrnehmung der »anderen«, der italienischen Kultur nördlich der Alpen.

Was zunächst auffällt, ist die verspätete Aufnahme des Werkes – nicht zuletzt im Vergleich mit der schnellen deutschen Rezeption des anderen italienischen Kinderbuch-Klassikers der Zeit, Edmondo De Amicis' Roman *Cuore*.[4] *Pinocchio* wurde erst

22 Jahre nach dem Erscheinen des Originals zum ersten Mal ins Deutsche übersetzt: Im Jahr 1905 erschien neben Bierbaums Bearbeitung noch eine weitere Übertragung des Werkes, die auch die Zeichnungen von Carlo Chiostri enthielt.[5] Ich sehe die Gründe für diese verspätete Aufnahme darin, daß *Pinocchio* mit den rebellischen Charakterzügen seines Kinder-Helden schlecht in die von Pädagogismus, Patriotismus und Religiosität geprägte kinderliterarische Landschaft der wilhelminischen Epoche paßte. Auch die ironische Diktion des Autors und dessen karikaturistische Figurengestaltung waren, wenn wir von Wilhelm Buschs Bildgeschichten einmal absehen, im kinderkulturellen deutschen Umfeld fremd. Und natürlich waren es die den Roman bestimmenden Momente der *toscanità*, der regionalen Besonderheiten, die der Rezeption *Pinocchios* im Wege standen.

Pinocchios eigentliche Geschichte in Deutschland beginnt im Jahr 1913 mit Anton Grumanns »Geschichte vom hölzernen Bengele«. Grumanns Version ist bis heute die am meisten gelesene deutsche Buchfassung des *Pinocchio*.[6] Unter den Kindern der »Vor-Fernsehgenerationen« hat sie das *Pinocchio*-Bild nördlich der Alpen am nachhaltigsten geprägt. 1931 stellte Anton Grumann dem »Bengele« sogar eine »Schwester« an die Seite; das Buch erlangte allerdings bei weitem nicht die Beliebtheit des Vorbildes.[7]

Außer den drei genannten Versionen erschienen bis zum Ende des Zweiten Weltkriegs lediglich vier andere Übersetzungen, darunter eine österreichische (1923) und eine Schweizer Fassung (1938). Eine wahre »Pinocchio-Welle« setzte in der Nachkriegszeit ein: Allein zwischen 1947 und 1949 kamen zehn neue *Pinocchio*-Übersetzungen auf den Markt. Die überraschende plötzliche Beliebtheit des Buches hat ihre Ursache vermutlich weniger in dem in der Nachkriegszeit neu erwachten Interesse an Italien als in der Literaturpolitik der Alliierten im besetzten Deutschland. Kinderbücher bedurften damals der alliierten Lizenz, und die deutschen Verleger griffen zur Vermeidung von Komplikationen gern auf das »gute Alte« zurück.

Auf jeden Fall hat *Pinocchio* seit 1945 seinen festen Platz in den deutschsprachigen Verlagen. Zwischen 1950 und 1960 erschienen sechs neue Übersetzungen, zwischen 1960 und 1970 fünf, zwischen 1970 und 1980 weitere vier. In dieser Zeit beginnt – mit dem japanischen Fernsehfilm von 1977 – auch die multimediale Vermarktung der *Pinocchio*-Figur, die ihren Ausdruck in zahlreichen Heftchen, Malbüchern, Comics, Hörspielen und Spielzeugproduktionen gefunden hat. Auch der Buchmarkt hat davon profitiert. Die neue Popularität *Pinocchios* in der Zeit nach 1977 hat bis heute (2004) zu neun weiteren Übersetzungen geführt.

Die Verlagsgeschichte des Buches steckt den Rahmen ab, innerhalb dessen sich der langwierige und komplizierte Prozeß der Akkulturation der Figur vollzieht. Der Roman der Kindheit kann nationale Grenzen und kulturelle Barrieren offensichtlich sehr viel schwerer überwinden als andere Werke der Literatur. Die Schwierigkeiten der Akkulturation Pinocchios in den deutschsprachigen Ländern beginnen bereits mit seinem Namen. Der Name einer literarischen Figur ist für den Leser, vor allem für das Kind, keineswegs eine beliebige Größe. Der Name – das ist die Figur selber. Undenkbar für den Leser, der sie einmal kennengelernt hat, daß »Eulenspiegel«, »Robinson« oder »Heidi« anders heißen könnten, als sie heißen. Lektüreerfahrungen verbinden sich oft mit dem Zauber der Namen und ihrer fast magischen Wirkung – Walter Benjamin hat in der »Einbahnstraße« davon berichtet.

Und Pinocchio? Es hat lange gedauert, bis er in den deutschsprachigen Ländern zu seinem »eigentlichen« Namen gekommen ist. Anders als etwa »Robinson«, »Gulliver«, »Oliver Twist« oder »Tom Sawyer« erhält die Figur in den Übertragungen zunächst nicht ihren originalen Namen, sondern heißt hier *Zäpfel Kern* (1905), *Hippeltitsch* (1905), *Bengele* (1913), *Hölzele* (1923), *Kasperle* (1929), *Klötzli* (1938). Erst 1944 heißt Pinocchio auf deutsch zum ersten Mal *Pinocchio.* Auch dann ist der Name noch keineswegs selbstverständlich, und Collodis Figur erscheint noch unter den Namen *Larifari*

(1947), *Purzel* (1948, 1949, 1950), *Bimbo* (1949) – bis sich dann ab den fünfziger Jahren *Pinocchio* endgültig durchsetzt.

Die in Italien wesentlich mit dem Namen verknüpfte »Identität« der Figur erscheint also in den Ländern nördlich der Alpen zunächst aufgespalten in mehrere »Identitäten«, wobei regionale Besonderheiten zusätzlich trennend wirken. Das gilt nicht zuletzt für ältere österreichische (1923, 1947, 1948, 1949) oder Schweizer *Pinocchio*-Versionen (1938). Auch in der Übertragung der Namen der Nebenfiguren der Handlung, in der Wiedergabe der Tiernamen und der Bezeichnung von Lokalitäten, Speisen, Gebräuchen etc. wird von den älteren Übersetzern wie selbstverständlich »eingedeutscht«.

Die Gründe dafür sind nicht nur, daß *Pinocchio* in der Tat stark toskanisch geprägt und daher nur mit Schwierigkeiten in ein fremdes kulturelles Milieu zu übertragen ist. Es geht auch um die »Unvertrautheit« zweier Kulturen, für die Kinderliteratur immer ein besonderer Indikator ist. Es ist heute nur noch schwer vorstellbar, daß die Barriere, die die deutsche von der italienischen Kultur bis in die fünfziger Jahre hinein trennte, so groß war, daß die Übersetzer noch dort, wo Collodi seinen zum Esel verwandelten Helden von *Risotto alla milanese* und *Maccheroni alla napoletana* träumen läßt (XXXIII), die deutschen Versionen dafür »Apfelkuchen und Schlagsahne« (1913), »Schweinebraten« (1947), »Wienerschnitzel« (1949), »Milchreis mit Butter und Zimt« (1949) und ähnliches einsetzten.

Was sich darin zu erkennen gibt, ist eine generelle Tendenz der frühen Akkulturation *Pinocchios*, die sich als »Regionalisierung« bezeichnen läßt: Das Fremde des Stoffes wird weitgehend getilgt und dem eigenen, vertrauten kulturellen Milieu anverwandelt. Pinocchio wird deutsch, aber er verliert dabei seine Eigentümlichkeit. Er wird ein Bayernbub oder ein Schweizer Bübeli. Erst in den sechziger Jahren gewinnt die gegenläufige Tendenz an Boden. Die deutschen Buchversionen geben nun den italienischen Eigentümlichkeiten des Romans mehr Raum, vermitteln auf diese Weise dem deutschen Leser die Bilder einer anderen, fremden Kultur, tragen damit – vielleicht – eher zum Verstehen des »Anderen« bei.

Der schwierige Weg der Anpassung, den die Pinocchio-Figur in den Ländern nördlich der Alpen zurücklegen mußte, um deutschen Lesern unter die Augen treten zu können, wird auch an einem anderen interkulturellen Konflikt sichtbar. Während der Charakter der italienischen Pinocchio-Figur aus der Ambivalenz von Aufbegehren und Anpassung lebt, tritt der »deutsche Pinocchio« seinen Lesern eher als Erzieher gegenüber. Als gälte es, die antiautoritären Eskapaden des Helden zu neutralisieren, werden sie in den älteren deutschen Versionen explizit unter die pädagogische Moral subsumiert. Die Ambivalenz des Kindheitsromans wird damit einseitig akzentuiert.

Den »tiefen sittlichen Inhalt des Büchleins« wollte der Lehrer Anton Grumann der »deutschen Jugend« vermitteln[8]: Er tut es, indem er die moralischen Züge des Originals überpointiert und sein *hölzernes Bengele* am Ende (in einer Hinzufügung zum Original) geloben läßt:

»Nun aber will ich ein braver Knabe bleiben, und ich rate allen unartigen Kindern: ›Spielt nicht den hölzernen Hampelmann!‹«[9]

Auch die Wiener Bearbeitung von Franz Latterer – auch er war Lehrer – stilisiert den *burattino* explizit zum pädagogischen Exempel. Bemerkenswert ist bereits der Titel seiner Version. »Hölzele, der Hampelmann, der schlimm ist und nicht folgen kann. Eine viellehrreiche Böse-Buben-Geschichte«. Und im Vorwort schreibt er:

»Denkt immer an Hölzele, wenn ihr was anstellen wollt, und denkt daran, daß ihm seine Streiche und seine Unfolgsamkeit sicher immer etwas eingetragen haben, was er lieber nicht hätte haben wollen.«[10]

Die Tendenz zur »Regionalisierung« des Stoffes prägt die deutschsprachigen *Pinocchio*-Versionen auch im Hinblick auf die Rolle des Titelhelden, den *burattino*. In diesem Punkt erweist sich die Akkulturation des toskanischen Originals als besonders schwierig. Die Wiedergabe des (maskulinen) *burattino* durch sein direktes Äquivalent, die (weibliche) »Puppe« würde beim deutschen Leser falsche Assoziationen auslösen.

Pinocchio ist keine »Puppe« im deutschen Sinne des Wortes. Nicht nur Otto Julius Bierbaum hat daher den »Kasper« an die Stelle des *burattino* gesetzt; auch zahlreiche andere deutschsprachige *Pinocchio*-Versionen sind dem gefolgt oder haben Verwandte der »Kasper«-Figur wie den durch Franz Graf Pocci bekannt gewordenen »Larifari« (1947) als Äquivalent gewählt. Aber Pinocchio ist kein Kasper.

Auch ein anderes von zahlreichen Übersetzern gewähltes deutsches Äquivalent verändert den Charakter Pinocchios: der »Hampelmann«. Zwar bringt die Figur das Moment des »bewegten Holzes«, ein typisches Charakteristikum Pinocchios, gut zum Ausdruck. Aber die negativen moralischen Nebenbedeutungen des Begriffs sind zu stark. Außerdem verläßt Collodis Figur, in einen »Hampelmann« verwandelt, gänzlich die Welt des Puppenspiels und der Volkskultur. Pinocchio ist auch kein Hampelmann.

Erst neuere Übertragungen haben sich hier genauer ans Italienische angelehnt und *burattino* mit »Holzpuppe« wiedergegeben.[11] Und eine einzige, die 1990 im Aufbau-Verlag erschienene Übersetzung von Joachim Meinert, entscheidet sich statt der üblichen »Regionalisierung« der Figur dafür, sie als das fremde Wesen aus den Spielbuden der Toskana weiterbestehen zu lassen. Sie gibt Collodis *burattino* als »Burattino« wieder und gebraucht diesen Begriff, als müßten alle sogleich wissen, worum es sich handelt. Der Übersetzer hat vermutlich Collodis Absicht gar nicht schlecht getroffen. Denn sein *burattino* sollte ja ein *burattino maraviglioso* (II), ein »wunderbarer Burattino«, sein – und versteckt sich das Wunderbare einer Figur nicht auch in ihrem Namen?

Zeichnet sich also die Geschichte der deutschsprachigen *Pinocchio*-Übertragungen dadurch aus, daß – im Zuge einer immer unbedeutender werdenden kulturellen Barriere zwischen Italien und Deutschland – die anfangs sehr prononciert zum Ausdruck kommenden Tendenzen der deutschen »Regionalisierung« des Stoffes mehr und mehr einer größeren Anpassung an das toskanische Original weichen, so setzt sich von ganz anderer Seite her eine gegenläufige Tendenz durch, die man als »Internationalisierung« von Figur und Stoff bezeichnen kann. Ihr Ort ist die Kindermassenkultur.

Schon Walt Disneys Film *Pinocchio* von 1940 hat mit der internationalen Popularisierung der Figur auch zu ihrer Standardisierung beigetragen, in der für die *toscanità* des Originals nur noch wenig Platz blieb. Disney, der auch die Textvorlage kräftig bearbeitet hat, versetzte Pinocchio in eine bewegte bunte Bilderwelt, die aus den unterschiedlichsten landschaftlichen und architektonischen Elementen zusammengesetzt ist. Anfängliche Versuche der Zeichner, die Figur im Sinne der Vorlage als Marionette zu gestalten, wurden bald aufgegeben[12], und Pinocchio erschien als Knaben-Figur. Auch seine lange Nase hat er bei Walt Disney eingebüßt. Mit rotem Trägerhöschen, schwarzer Anzugsweste und einer überdimensionalen blauen Frackfliege vor dem Hals stapft er, ein keckes Jägerhütchen mit rosa Feder auf dem Kopf, durch die Welt. Sein ständiger Begleiter ist Jiminy Criquet, ein kleines grünes Männchen mit Frack und Regenschirm, Collodis »Sprechender Grille« nachempfunden, das den stets zu lustigen Streichen aufgelegten Schelm warnt, ihm im Notfall aber auch zu Hilfe eilt. Ein braver und gehorsamer Junge will auch Walt Disneys Pinocchio werden – ein richtiges Menschenkind ist er allerdings schon. Denn der Film läßt bereits in der Nacht, nachdem der Puppenmacher Geppetto die Figur aus Holz geschnitzt hat, die Fee erscheinen und die Puppe in ein lebendiges Kind verwandeln. Der ursprüngliche Reiz der Handlung – die Spannung zwischen *burattino* und *ragazzo*, zwischen Holzpuppe und Menschenkind – ist damit in Walt Disneys Version verlorengegangen.

Die Rechte am Vertrieb dieser Figur – die außer im Film auch in Büchern, Bilderbüchern, auf Bildpostkarten, Bildersammelalben und anderen Medienprodukten auftaucht – liegen bei *Walt Disney Productions* und werden im europäischen Medienverbund vermarktet. In den USA, Großbritannien, Frankreich und Italien erschien Disneys *Pinocchio*-Version bereits 1940 auch in Buchform; in der Bundesrepublik Deutschland wurde die Figur mit Beginn der fünfziger Jahre populär.[13] Pinocchio hatte jetzt in Deutschland das gleiche Gesicht wie in Frankreich, Amerika und zahlreichen anderen Ländern – und sogar in Italien selber.

Weit umfassender noch als seine »Amerikanisierung« hat in den siebziger Jahren die »Japanisierung« Pinocchios der Figur auch in Deutschland zu einer Präsenz bisher unerhörten Ausmaßes verholfen. Die nach »Heidi«, »Biene Maja« und »Kimba, der weiße Löwe« in Japan produzierte Zeichentrick-Fernseh-Serie *Pinocchio* (»nach den Geschichten von Carlo Collodi«), die seit Herbst 1977 in 52 Folgen im Zweiten Deutschen Fernsehen lief und eine durchschnittliche Zuschauerzahl von vier bis fünf Millionen pro 30-Minuten-Sendung erreichte[14], war eingebunden in ein gigantisches Medienverbundsystem, dessen buntgemischte Produktionen alle Sinne der Rezipienten ansprechen und »Simultaneität« des Erlebens herstellen wollten. »Das Angebot reicht (...) von Schallplatten/Kassetten (mit und ohne Soundtrack der Fernsehaufnahme), den Plastikfiguren und dem Fruchtgummi über Aufkleber, Malhefte, Eis, Comics, Plüschtiere, Klebealben, Marionetten, Filzstiftaufsätze, Badeschaumfiguren, Bettwäschemuster, Autokissenstickereien, Kartenspiele, Zeichenschablonen, Tanzanleitungen und Backvorschläge für die Arbeit im Kindergarten bis zum Tapetendesign und zum Nachttopf.«[15]

Pinocchio wurde auf diese Weise in den späten siebziger Jahren zu einer multimedialen Kultfigur der internationalen Kinderkulturindustrie, die sich längst von ihrem literarischen Ursprung gelöst hatte.

Nach einem ausgeklügelten System vermarktete man die Figur im Medienverbund auch literarisch. Parallel zur Fernsehserie erschienen im Bastei-Verlag die 32 Seiten starken farbigen Comic-Hefte und Sammelbände »Pinocchio. Ganz neue Abenteuer zur Fernsehserie«; sie wurden in Mailand gedrukkt, über den Zeitschriften- und Bahnhofsbuchhandel vertrieben und erschienen in Lizenzausgaben auch in Österreich, der Schweiz, Frankreich, Italien, Luxemburg und den Niederlanden. Der Erlanger Pestalozzi-Verlag, bekannt für seine über Kaufhäuser und Spielwarenläden vertriebenen »Mini-

Bücher«, kam mit einer Reihe »Pinocchio-Büchlein« heraus, der Inter-Verlag in Köln mit großformatigen »Pinocchio-Malbüchern«, ein Unipart-Verlag in Stuttgart mit »Pinocchio-Bilderbüchern«. Schallplatten-Versionen nach der Fernsehserie wurden bei der »Deutschen Grammophon« und bei »Poly Stereo« produziert. Und auch der traditionelle Buchmarkt profitierte vom »Pinocchio-Boom«: Bei Südwest und Bertelsmann erschien eine neue Collodi-Übersetzung, die mit Bildern aus der Fernseh-Serie illustriert war (und demgemäß manchmal Details enthielt, die in Collodis Originalversion überhaupt keine Entsprechung hatten).

Noch weit mehr als Walt Disneys Film vereinfacht und standardisiert die japanische Zeichentrickserie die Pinocchio-Figur. Die Produzenten der von Anfang an für den internationalen Vertrieb hergestellten Serie mußten geradezu darauf bedacht sein, all das, was als »regional« oder »fremd« hätte erscheinen können, zu tilgen. Charakteristisch für den »japanischen« Pinocchio ist der übergroße Kopf, die stark betonten Augen und der fast immer lächelnde Mund: die Figur ist in deutlicher Anlehnung an das bekannte »Kindchenschema« gestaltet. Kein »japanisches«, kein »italienisches« oder sonst irgendein spezifisches Kind will dieser Pinocchio mehr sein, sondern eine in aller Welt als »Kind« zu identifizierende Silhouette. Einzig die lange Nase hat er noch immer von Meister Geppetto-Collodi.

Charakteristisch für die Struktur der Handlung ist deren serielle Segmentierung: ein Prinzip, dem bereits Collodi in seinem Roman gefolgt war und das nun unter den Bedingungen aktueller Fernsehproduktionen mit ihren schnellen Bildfolgen eine neue Form annimmt. Pinocchio wird eine Reihe von ständigen Begleitern an die Seite gestellt, die charakteristische Eigentümlichkeiten haben und beim Betrachter oder Leser »Wiedererkennungseffekte« auslösen: die »Ente Gina« (eine Art von moralischem Gewissen), »Rocco, der Specht« (in der Rolle des schnellen Helfers) und die dicke »Katze Giulietta« (der gemütliche Typ). In der Dauerrolle der gerissenen, aber ein wenig tölpelhaften Gegenspieler (vom Schlage des Disneyschen »Panzerknacker«-Trios) agieren der »räudige Fuchs« und der »Straßenkater«.

Der große, nach oben gezogene, fast immer lächelnde Strich-Mund des »japanischen« Welt-Pinocchio-Kindes deutet bereits seinen am meisten hervortretenden Charakterzug an. Pinocchio ist vor allem lustig, ein heiterer, gut aufgelegter Geselle, der immer zu Späßen bereit ist. »Der Spaß steht letzten Endes doch im Vordergrund. Wie beispielsweise heute, wenn Pinocchio mit der Ente Gina im Dorf der fleißigen Bienen seinen Schabernack treibt«: So äußerte sich in einem Interview die für die Serie in Deutschland zuständige ZDF-Redakteurin.[16] Der Freund des toskanischen Pinocchio wird sich angesichts des versprochenen »Schabernacks« nicht ohne Wehmut an Collodis »Insel der fleißigen Bienen« erinnern, jener entscheidenden Station des Kindheitsromans, wo Pinocchio unter Schmerzen die Moral des »Wer nicht arbeitet, soll auch nicht essen« zu lernen hatte.

Was in der permanenten Lustigkeit des »japanischen« Pinocchio aufscheint, ist ein Signet des heutigen Idealtypus Kind, auf das zunehmend die kulturellen Werte der Freizeitgesellschaft übertragen werden. Es ist sportlich, aktiv, gesellig und von gnadenloser Lustigkeit. In alledem ist der »neue« Pinocchio sein getreues Abbild. Das widerspenstige Kind der Zeit Collodis, das in einem mühsamen Prozeß davon überzeugt werden mußte, daß es erwachsen werden soll, scheint der Vergangenheit anzugehören. Das hat Konsequenzen auch für den Kindheitsroman.

Abenteuer – Neue Abenteuer – Ganz neue Abenteuer: Nach diesem »Bauplan« präsentiert sich der »japanische« Pinocchio des Medienverbundes. Collodis Roman ist da nur noch Materiallieferant für einzelne Sequenzen und Motive, die jederzeit nicht nur beliebig verändert, sondern auch durch neue Einfälle ergänzt werden können (Pinocchio in der Weltraumrakete, Pinocchio bei den Zwergen, Pinocchio als Ballonfahrer etc.). Der große Handlungsbogen des »alten« Pinocchio – der lange Weg des Kindes vom Naturstoff zum Kulturwesen Mensch – wird in eine unendliche Kette von Einzelabenteuern aufgelöst, an deren jeweiligem Ende der Charakter des Helden nicht anders als zu Beginn erscheint. Was uns hier begegnet, ist nichts anderes als die unendliche Geschichte, die Kindheit heute zu werden beginnt. Denn das »Verschwinden der Kindheit« (Postman) bedeutet ja nichts anderes als deren lebenslange Ausdehnung, also die Infantilisierung der ganzen Gesellschaft. Wo die Grenzen zwischen »Kindern« und »Erwachsenen« zunehmend unschärfer werden, da wird für die Spannung des Kindheitsromans immer weniger Raum bleiben.

Die Italiener und ihr Pinocchio. Versuch, einen Mythos zu verstehen

Das Lächeln der Deutschen – Ehren für eine Holzpuppe – Die italienischen Intellektuellen und Pinocchio – »Eines der beunruhigendsten Bücher der Literatur« – Die »immerwährende Exegese« – Die »Pinocchiaden« – Der Pinocchio-Park in Collodi – Pinocchio als Symbolfigur des italienischen Volkes – Der Roman der Kindheit als nationaler Roman – Italia bambina.

»Ein breites Lächeln geht über die Gesichter meiner deutschen Freunde, wenn sie von Pinocchio reden hören. Weshalb, so fragen sie sich, widmen die Italiener einer Holzpuppe nur so viel Aufmerksamkeit? Wie ist es möglich, daß Pinocchio in Italien immer wieder Thema von Vorträgen, Ausstellungen, Seminaren und Kongressen ist und gleichsam die ganze Apennin-Halbinsel herauf, herab und kreuz und krumm ziehet an der Nase herum? Warum hat man ihm in Collodi, dem Ort, dem sein Schöpfer sein Pseudonym entnahm, sogar ein Denkmal errichtet? Und warum war die Hundertjahrfeier der Erstveröffentlichung seines Buches im vergangenen Jahr ein nationales Ereignis?«

Mit diesen Sätzen eröffnete Giorgio Cusatelli, einer der bekanntesten italienischen Germanisten, 1984 einen *Pinocchio*-Vortrag in Deutschland.[1] Natürlich zeigte sich auch der Vortragende überzeugt, daß Pinocchio durchaus die hohe Aufmerksamkeit verdient, die ihm seine Landsleute in Italien angedeihen lassen und die nördlich der Alpen auf so viel Verwunderung stößt.

Der italienische »Mythos Pinocchio« begegnete mir zum ersten Mal, als ich im November 1983 auf Einladung der »Italienischen Nationalstiftung Carlo Collodi« an einem internationalen *Pinocchio*-Kongreß in Florenz teilnahm. Schon der Begriff »Internationaler *Pinocchio*-Kongreß« löste bei meinen deutschen Kollegen in der Tat jenes »breite Lächeln« aus, von dem Giorgio Cusatelli gesprochen hat. Wie verblüfft war ich dann in Florenz, daß dieser Kongreß – »natürlich«, würde ich heute sagen – im *Salone dei Cinquecento* des Palazzo Vecchio stattfand und mit großem Zeremoniell vom Bürgermeister der Stadt samt seinen historisch gewandeten Fanfarenbläsern und mehreren anderen würdigen Herren aus Politik und Kultur eröffnet wurde. Wie gut, daß kein Kind dabei war. Daß Pinocchio in Italien nationale Ehren widerfahren, habe ich in der Folgezeit immer wieder beobachten können.

Der Respekt vor Collodis *burattino* (ein Respekt freilich, der manchmal mit Ironie gepaart ist: jede große Figur reizt auch zum Bildersturm) ist typisch für die Intellektuellen des Landes. Fast alle italienischen Schriftsteller der Nachkriegszeit haben sich irgendwann einmal mit Pinocchio auseinandergesetzt – ich nenne unter den bekannteren Namen nur Moravia, Malerba, Manganelli, Calvino, Pancrazi, Cassola, Santucci, Rodari, Magris und Tabucchi.[2] »Eines der beunruhigendsten Bücher, das die Literatur hinterlassen hat«, nennt Antonio Tabucchi, Schriftsteller und Literaturwissenschaftler, Collodis Roman, und er fährt fort:

»Man sollte Pinocchio als Erwachsener lesen, denn das Buch hat teil am Geist der Tragödie und des Mythos, sein unmittelbarer Gegenstand ist das Leben selbst. Die linkische Holzfigur ist vom Schicksal dazu bestimmt, stets der ›Andere‹ zu sein, das andere Ich, das jeder von uns in sich trägt, der ›Andere‹ im Hinblick auf die Norm; sie steht für das verlorene Verlangen, die Doppeldeutigkeit der Erscheinung, die Illusion, das Phantasma – kurz: Pinocchio ist die Kehrseite unseres Ich, seine andere Dimension, und darin liegt die überraschende Modernität der Figur. Sie ist Kafkas Gregor Samsa, Stevensons Mister Hyde, ein Pseudonym Fernando Pessoas, Pirandellos Mattia Pascal, Unamunos Niebla, die Maske von Yeats. Pinocchio ist die Gestalt gewordene Inplausibilität des Lebens, die Verkörperung seiner Dialektik.«[3]

Tabucchis Würdigung ist durchaus typisch für den Kontext, in dem sich italienische Intellektuelle mit Pinocchio befassen.

Das Buch hat für sie selbstverständlich weltliterarischen Rang, die Figur des »hölzernen Bengele« gehört für sie – so Vincenzo Cappelletti, der Leiter der *Enciclopedia Italiana* – »zum europäischen Erbe des anthropologischen Wissens«[4].

Auch die akademische Welt Italiens widmet sich mit Eifer dem *burattino*. Seit 1980 ist kaum ein Jahr vergangen, in dem nicht mindestens eine neue Monographie über Collodis Roman erschienen ist.[5] Zu Beginn der achtziger Jahre spielten dabei strukturalistische, psychoanalytische und kulturanthropologische Deutungen eine große Rolle, die Pinocchio als *sistema metafisico virtuale* (Grazia Marchianò) lesen wollten und die Wurzeln der Figur etwa in der Christologie, in der platonischen Ideenlehre, in C. G. Jungs Archetypik fanden oder in anderer Weise das Buch als *parabola esoterica* verstanden.[6] Die christologische Deutung fand etwa in den Metaphern »Christus als Holz/als Fisch/als Esel etc.« die strukturelle Parallelität zu Pinocchio oder sah in Pinocchios »Tod« an den Zweigen der Großen Eiche die Metapher des Kreuzestodes.[7] Deutsche Leser werden mit solchen Deutungsversuchen eher Schwierigkeiten haben, vielleicht auch amüsiert reagieren, wenn sie in Bibliographien auf Titel stoßen wie *Pinocchio è razzista* (»Pinocchio ist Rassist« – die Kritik bezieht sich auf die »Diskriminierung der Behinderten« in den Figuren der »hinkenden Füchsin« und der »blinden Katze«), *Commento teologico a Pinocchio* (»Theologischer Kommentar zu Pinocchio«) oder *Pinocchio era omosessuale?* (»War Pinocchio homosexuell?«).[8] Sie werden angesichts des italienischen Interpretationseifers vielleicht sogar versucht sein, mit einem 1977 im *Corriere della Sera* erschienenen Titel zu kontern: *Questo Pinocchio è un vero fantasma* (»Dieser Pinocchio ist ein reines Phantasma«).[9] Dabei zeigen die zahlreichen Analysen und Kritiken im Grunde ja nur, wie sehr die Figur zu immer neuen Auseinandersetzungen reizt.

Angesichts der Vorliebe vieler italienischer Wissenschaftler für interdisziplinäre Studien ist Collodis *Pinocchio* längst auch zu einem beliebten Forschungsgegenstand verschiedener akademischer Disziplinen geworden. Volkskundler und Ethnoanthropologen spüren den populären Traditionen der Figur nach, Historiker und Literaturwissenschaftler studieren ihr zeitgenössisches Umfeld, Linguisten widmen sich der Untersuchung der *toscanità*, der Sprache Collodis. In regelmäßigem Turnus finden, organisiert von der seit 1962 existierenden *Fondazione Nazionale Carlo Collodi*, Kongresse statt, auf denen die Ergebnisse vorgetragen werden, und an Themen, so scheint es, ist noch lange kein Mangel. Es geht – wie es der toskanische »Pinocchiologe« Fernando Tempesti in der Einführung zu einem Kongreßband formuliert hat – »um das immerwährende Werk der Collodi-Exegese (...) – und daß es immerwährend ist, liegt nicht an der speziellen Manie der ›Collodisten‹, sondern an der sehr viel einfacheren Tatsache, daß uns Collodis Werk wegen der Art der Welt, auf die es sich bezieht, erlaubt, Zugang zur Realität einer Kultur zu finden, die – weder Folklore noch Bücherweisheit – uns normalerweise, wenn wir andere, auch größere Autoren befragen, verschlossen bleibt«[10].

Auch die großen Tageszeitungen und Zeitschriften des Landes beteiligen sich an der öffentlichen Pinocchio-Debatte. Regelmäßig erscheinen dort nicht nur Artikel mit neuen Deutungen des Werks, mit Leseerinnerungen oder pädagogischer Kritik und Antikritik; gern werden auch die politischen und sozialen Zustände des Landes an *Pinocchio* »gemessen«, werden die italienischen Verhältnisse in der Bildsprache des Romans beschrieben. Wenn, wie das immer wieder geschieht, bei den Massenprotesten gegen Ministerpräsident Berlusconi Demonstranten in Pinocchio-Masken auftreten, versteht das Publikum die Anspielung sofort: Berlusconi lügt! Und natürlich darf man bei alledem eines nicht vergessen: daß *Pinocchio* gelesen wird. Alle Italiener kennen ihn.

Auf dem Feld der Belletristik sprechen die »Pinocchiaden« – Fortsetzungen, Umformungen und Travestien *Pinocchios* – für die Beliebtheit des Stoffes. Nur literarische Klassiker werden wiederholt parodiert, imitiert und glossiert – in Deutschland bietet sich Heinrich Hoffmanns »Struwwelpeter« zum Vergleich an.[11] Eine 1984 zusammengestellte Bibliographie[12] weist nicht weniger als 400 bis dahin erschienene »Pinocchiaden« aus. Darin findet sich eine stattliche Pinocchio-Genealogie –

Pinocchios Sohn (1893), Bruder (1898), Verlobte (1939) oder Schwester (1958) –, Pinocchio reist nach Afrika (1904), an den Nordpol (1908), auf den Mond (1910) oder ins Paradies (1927), er erscheint als Polizist (1910), Journalist (1910), Ewiger Jude (1933), Dichter (1957) oder Roboter (1980). Natürlich wird er auch kräftig politisch vereinnahmt: 1912 wird er in den Krieg nach Tripolis geschickt, 1915 nimmt er am Ersten Weltkrieg teil, in den dreißiger Jahren tritt er in die *balilla*, die Mussolini-Jugend, ein, im Wahlkampf 1956 macht er als Comicfigur für die *Democrazia Cristiana* Reklame. Ernsthafter hat Luigi Malerba mit seinem *Pinocchio con gli stivali* (»Der gestiefelte Pinocchio«)[13] oder Giorgio Manganelli mit dem »Pinocchio-Parallelbuch« Collodis Geschichte fortgeführt. Manganellis »Goldene Regel des Parallelschreibers« gilt, so scheint es, nicht nur für seine eigene Pinocchio-Prosa: »Alles willkürlich, alles dokumentiert.«[14]

An der *grandezza* des Holzbengels hat in Italien auch der Film seinen Anteil. Bereits 1911 wurde in Turin der erste »Pinocchio«-Film gedreht (Regie: Giulio Cesare Antamoro), ein Zeichentrickfilm folgte 1936. Nach dem Zweiten Weltkrieg wurde der Stoff 1947 (Regie: Giannetto Guardone) und 1972 erneut verfilmt. Der letztgenannte Streifen in der Regie von Luigi Comencini ist bis heute in Italien ein Klassiker – mit Gina Lollobrigida in der Rolle der Fee. 2002 kam Roberto Benignis »Pinocchio« in die Kinos. Natürlich hatte auch der Regisseur von *La vita è bella* seinen großen Pinocchio-Traum, wie er in Interviews immer wieder enthusiastisch bekannte: »Pinocchio ist ein Alptraum, ein Traum, ein Aufruhr, eine Dummheit, ist das Leben und der Tod (...). Es ist der älteste Mythos der Welt, nämlich der, daß man nicht glücklich sein kann.«[15]

Natürlich hat die »Ikone Pinocchio« (Fernando Tempesti) auch ihr Heiligtum, Pilgerziel für alljährlich Hunderttausende von Kindern und Erwachsenen: den Pinocchio-Park in Collodi. »Ein Märchenpark also«, sagt der deutsche Freund, dem ich davon erzähle. Ich protestiere. Der 1956 eingeweihte *Parco Monumentale di Pinocchio* ist frei von Schaugepränge und von den Medienspektakeln eines Disney-Landes. Er ist eine fabulöse

Kunstlandschaft nach Art jener verwirrenden barocken Schöpfungen, in denen der Spaziergänger plötzlich beängstigenden, belustigenden, grotesken Gestalten aus dem Traumreich seiner Lektüre gegenübersteht: ein Bomarzo der Kindheit, eingebettet in schönstes toskanisches Ambiente. Ein verschlungener Weg führt durch die Landschaft des Romans. Der Besucher begegnet Kater und Füchsin, der Fee, der Schnecke, den vier schwarzen Kaninchen mit dem Sarg. Er passiert das Haus der Fee, das *Gran teatro dei burattini*, die *Osteria del gambero rosso*. Im Zentrum des Parks steigt er über eine Wasserfläche hinweg in das aufgerissene Maul des Haifischs; in seinem Bauch sitzt Geppetto, eine Flasche Wein und eine geöffnete Konservendose vor sich auf dem Tisch. Bedeutende Künstler wie Emilio Greco oder Pietro Consagra (der Schöpfer des Pasolini-Denkmals in Ostia) haben an dieser Anlage mitgearbeitet. Von Greco stammt die am Eingang errichtete Bronzeplastik, die Pinocchio mit der Fee und dem Falken zeigt: Pinocchio, auf dem Stamm eines Holzes stehend, wird von der Fee kräftig an beiden Händen in die Höhe gezogen; seine Nase zielt auf die offene Höhlung ihrer Brust, mit rätselhaft ausdruckslosem Gesicht blickt sie über ihn hinweg. Eine Geschichte von Mutter und Kind, von Mann und Frau, eine Erlösungsgeschichte?

In der Nähe des Parks liegt die *Villa Arcangeli* mit dem internationalen Forschungszentrum Carlo Collodi. Dem Park angegliedert ist ferner das *Laboratorio delle parole e delle figure*, eine Ausstellungsfläche für Künstler und zugleich experimentelles pädagogisches Laboratorium. Denn hier in Collodi sind auch Kinder zu Pinocchio zugelassen.

Seit 1988 wird hier im Mai jedes Jahres »Pinocchios Geburtstag« gefeiert. Die italienische Collodi-Nationalstiftung richtet ihn aus, mit einem Wettbewerb, der an allen Elementar- und Mittelschulen Italiens ausgeschrieben wird und Jugendliche aus den verschiedenen Regionen des Landes nach Collodi führt. Pinocchio lebt, Pinocchio ist universal – in Italien.

Und die Deutschen? Daß sie mit Pinocchio als literarischem Emblem Italiens Schwierigkeiten haben[16], auch Benignis Film (2003) hierzulande sein Publikum nicht fand, schreibt Giorgio

Cusatelli in einem Essay über die verhaltene deutsche Pinocchio-Rezeption ihrem literarischen Purismus und ihrem Klischee-Bild vom Italiener zu:

»Wahrscheinlich läßt sich das deutsche Mißvergnügen an Collodis Helden zurückführen auf seine extreme Komplexität und den willkürlichen und unzusammenhängenden Eindruck, den das Buch macht, verbunden mit einer Poetik, die sich jeder wissenschaftlichen wie pädagogischen Programmsetzung verweigert. Die Deutschen, wie üblich irrational in ihrer Bewertung der angeblichen Irrationalität der italienischen Kultur und Gesellschaft, fanden in Pinocchio die beste Bestätigung ihres Vorurteils gegen die mediterrane Welt. Aber zugleich und mit der gleichen Eilfertigkeit sublimierten sie dieses Vorurteil, indem sie es in den Enthusiasmus für das ›Andere‹, für die ›nationale‹ Besonderheit des *burattino* verwandelten: nichts als Instinkt, Gier, Verschlagenheit, ein Macchiavelli aus Holz, aber trotzdem sympathisch, launig, frisch.«[17]

Pinocchio also als eine Art »Schlüsselfigur« der interkulturellen Differenzen und das deutsche »Mißvergnügen« an der Figur als Ausdruck eines vertrackten deutschen Italien-Klischees? Ich meine, daß Cusatellis Überlegungen auf eine richtige Spur führen. Der Versuch, den italienischen »Pinocchio-Mythos« zu verstehen, weist notwendigerweise über die Literatur in die Politik und das nationale Selbstverständnis der Italiener.

Immer wieder begegnet man in Italien einer Pinocchio-Lesart, die in dem *burattino* einen Heros der nationalen Identität sieht, dank dessen sich ein von Krisen geschütteltes Land selber akzeptieren kann. Typisch dafür ist das 1990 erschienene Buch des Bologneser Erzbischofs Kardinal Biffi mit dem Titel *Pinocchio e la questione italiana* (»Pinocchio und die italienische Frage«), in dem von konservativer Position aus Pinocchio als Repräsentant eines noch nicht von Risorgimento, Liberalismus und Marxismus zerfleischten »einfachen« und »christlichen« Italien reklamiert wird.[18] Giorgio De Rienzo hat als Antwort darauf in der Zeitschrift *Europeo* den Artikel *Pinocchio al posto del tricolore* (»Pinocchio an Stelle der Trikolore«) veröffentlicht, der den Gedanken einer nationalen Symbologie Pinocchios durchaus akzeptiert, aber in der Figur ganz andere Charakteristika des italienischen Volkes heraushebt:

»Pinocchio, das ist ein Alleskönner, der auf jede Ideologie hereinfällt und sich auf jedes intellektuelle Abenteuer einläßt und doch aus all diesen Manipulationen nie gedemütigt hervorgeht. Seine Fröhlichkeit und seine Freiheit bleiben immer unbegreiflich; er hat eine unwiderstehliche Kraft der Heiterkeit, die es ihm ermöglicht, sich über jedes besserwisserische Geschwätz lustig zu machen, mit dem man ihn einfangen will.«[19]

Pinocchio also als Prototyp des italienischen Volkes? Jenes Volkes, das gegenüber seinen mitteleuropäischen Nachbarn häufig mit Minderwertigkeitsgefühlen reagiert und zugleich doch auch über die erstaunliche Fähigkeit verfügt, eben diese Ressentiments in Selbstbewußtsein zu verwandeln? Italien als der hungrige Pinocchio, über den aus dem oberen Stockwerk des Hauses eine Schüssel mit Wasser entleert wird und der trotzdem nicht verzagt? (VI) Italien als der schlaue Pinocchio, der, zum Wachhund degradiert, seine Pflicht gegen die Hühnerdiebe erfüllt, aber seinen betrügerischen Vorgänger dennoch nicht denunziert? (XXI, XXII) Italien als jenes durchtriebene selbstbewußte Stehaufmännchen Pinocchio, das am liebsten in den Tag hinein leben möchte, aber nicht darum herumkommt, »erwachsen« zu werden? Es wäre dies nicht die schlechteste Symbolfigur, in der sich ein Land spiegeln könnte.

Der Literaturhistoriker Alberto Asor Rosa hat die Idee der symbolischen Gleichsetzung »Pinocchios« mit »Italien« zum Schlüssel seiner Deutung gemacht – einer Deutung, die in Italien auf große Resonanz gestoßen ist.[20] Aus Pinocchio sprächen, so schreibt er, »die Stimmen eines Kind-Italien« *(Italia bambina)*, das in einem langen und mühsamen historischen Prozeß lernen mußte, seine »nationalen Defekte« abzulegen, und dem in Collodis Roman eben diese Defekte in einer liebenswerten und fast nostalgischen Form vor Augen geführt würden.[21] Pinocchios Weg vom »unschuldigen und primitiven Zustand des Kindes zur relativen Reife der Adoleszenz«[22] sei auch der nationale Weg Italiens, vor allem der italienischen Unterschichten, die aus ihrer traditionellen bäuerlichen Umwelt herausgerissen und in die Moderne hineingezwungen worden seien. Der Roman der Kindheit – so deute ich diese Lesart – wird damit zum nationalen Roman. »Collodis Puppe« – so Alberto Asor Rosa – »ist das Volk – ist Italien (...) und sie ist im Grunde die wahrhaftigste unter allen nationalen Identitätsentwürfen, die uns das 19. Jahrhundert hinterlassen hat.«[23]

Daß »nationale Identitätsentwürfe« in Italien weniger im Reich des Politischen als in dem der Kultur gesucht werden, ist einer der auffallendsten Unterschiede zu Deutschland – und auch dies mag zum Verständnis des »Mythos Pinocchio« beitragen. Während man der Figur des Politikers südlich der Alpen eher mit Mißtrauen begegnet und beredt den erbärmlichen Zustand des politischen Systems samt der negativen Folgen für das Bild Italiens beklagt, heften sich die größten Sympathien an Repräsentanten der Kultur (Film, Oper, Theater, Musik), scheinen Kunst, Architektur, die großen Museen und andere kulturelle Orte Garanten eines »besseren Italien« zu sein. Pinocchio paßt in dieses Bild. Auch er ist ja eine Figur des Theaters, des in Italien noch immer beliebten Volkstheaters, und die theatralen Energien der Figur sind in der Tat erstaunlich. Im übrigen kommt dieser Akteur aus der Toskana, dem sprachlichen und kulturellen Zentrum des neueren Italien.

Die Stimmen des »Kind-Italien« (A. A. Rosa) sind jedoch vor allem die Stimmen eines Kindes. Pinocchios Ansehen entspringt auch der Anerkennung, die das Kind in Italien genießt. Nicht, daß es Kindern dortzulande besser ginge als in Deutschland (eine romantisierende Auffassung, die unter den Deutschen verbreitet ist). Wohl aber spielt das Kind – als öffentliches Zeichen – eine besondere Rolle, ebenso wie die *famiglia*, deren Bedeutung weit über diejenige der »Familie« hinausgeht und an deren Modell sich im Süden noch immer die Idee sozialer Netzwerke orientiert. Auch *Pinocchio* ist eine solche »Familien-Geschichte«.

Die deutschen Reisenden des 19. Jahrhunderts, die im Süden gern den »kindlichen Charakter« des italienischen Volkes bemerkten, sind inzwischen der Produktion von Klischees verdächtigt worden. Und daß ein Volk sich selber in der Figur eines Kindes wiederfindet, erscheint vielen vielleicht nicht allzu schmeichelhaft, vor allem jenen, die in der »Völker-Familie« gern die Vaterrolle spielen möchten. Warum eigentlich? »Ich bitte um Verzeihung, auch ich bin ein Bösewicht«: Mit diesen Worten erkauft sich Pinocchio seine Freilassung beim Kerkermeister der Stadt Dummenfang (XIX). Ist es nicht immer noch Zeit, erwachsen zu werden? Man weiß doch, wie der Roman der Kindheit endet.

Anmerkungen

Eine Geschichte aus Florenz

1 Lucia Borghese: *Auf den Spuren der Trippa.* In: ›Zibaldone. Zeitschrift für italienische Kultur der Gegenwart‹, H. 4, München 1988, S. 54.
2 Die Tafel wurde 1941 dort angebracht, vorhergegangen waren emsige und kontroverse kommunale Recherchen zum Geburtshaus Collodis. Vgl. Fernando Tempesti: *Chi era il Collodi?* In: C. Collodi: *Pinocchio.* Milano (Feltrinelli) 1980, S. 33–34.
3 Collodi veröffentlichte später eine Art Werbebroschüre für diese Manufaktur: ›La manifattura delle porcellane di Doccia. Cenni illustrativi raccolti da C. L.‹ (= Carlo Lorenzini). Firenze (Grazzini e Giannini) 1861. *Ediz. anastatica con una nota di Fernando Tempesti.* Firenze (Salimbeni) 1981.
4 Zum Leben Collodis und zum folgenden vgl. P. Pancrazi: *Vita di Collodi.* In: *Tutto Collodi.* Firenze (Le Monnier) 1948; Felice Del Beccaro: *L'uomo Collodi.* In: C. Collodi: *Le avventure.* 1955, S. 413–422; E. Petrini: *Collodi com'era.* In: *Studi Collodiani.* 1976, S. 475–490; F. Tempesti: *Chi era il Collodi?* In: C. Collodi: *Pinocchio.* 1980, S. 5–50; Renato Bertacchini: *Il padre di Pinocchio. Vita e opere del Collodi.* Milano (Camunia) 1993.
5 Das zeigt die von Fernando Tempesti minutiös rekonstruierte Geschichte der Biographieforschung zu Collodi. Vgl. F. Tempesti: *Chi era il Collodi?* In: C. Collodi: *Pinocchio.* 1980, S. 7–49.
6 Paolo Lorenzini: *Il Collodi. Ricordi.* In: ›La Lettura‹, 30. 11. 1930 (cit. F. Tempesti in: C. Collodi: *Pinocchio.* 1980, S. 29–30).
7 Carlo Collodi: *Quand'ero ragazzo!* 1887. In: *Storie allegre.* Firenze (R. Bemporad) 1924, S. 183–192.
8 Erich Kästner: *Als ich ein kleiner Junge war.* In: *Gesammelte Schriften.* Stuttgart/Hamburg o. J., Bd. 6, S. 7–157.
9 Carlo Collodi: *Quand'ero ragazzo!* l.c., S. 185. – Ein direktes Pinocchio-Motiv findet sich in dem Wunsch des Buben, die Schulwoche möge nur aus (freien) Donnerstagen und Sonntagen bestehen (S. 184 vgl. *Pinocchio,* cap. XXX).
10 F. Tempesti in: C. Collodi: *Pinocchio.* 1980, S. 30 (nach Paolo Lorenzini).
11 C. Collodi: *Un romanzo in vapore (1856).* Lucca 1987, S. 94.
12 Ferdinando Morosi: *Le inesattezze dei biografi sul curriculum scolastico di Carlo Lorenzini.* Firenze 1983.
13 Carlo Collodi: *Pinocchio, a cura di F. Tempesti.* 1980, S. 102.
14 Ferdinando Martini: *Confessioni e ricordi.* Firenze (Bemporad) 1922, S.169.
15 Vgl. S. Desideri: *Collodi giornalista.* In: *Studi Collodiani.* 1974, S. 247–262;

G. Candeloro: *Carlo Collodi nel giornalismo toscano del Risorgimento.* In: *Studi Collodiani.* 1974, S. 59–81; R. Bertacchini: *Il padre di Pinocchio.* Milano 1993, S. 23–103. Einzelne seiner journalistischen Arbeiten sind in den Sammlungen *Macchiette* (1880), *Occhi e nasi* (1881) und postum unter den Titeln *Divagazioni critico-umoristiche* (1892) und *Note gaie* (1892) nachgedruckt worden.

16 Vgl. R. Bertacchini: *Il padre di Pinocchio.* 1993, S. 32–36.

17 *Un romanzo in vapore. Da Firenze a Livorno. Guida Storico-Umoristica. Di Carlo Lorenzini.* Firenze (Mariani) 1856; Ristampa Lucca 1987. (Nota introduttiva di Daniela Marcheschi.) – Der Titel läßt sich auch übersetzen als »Ein Roman in der Eisenbahn«: *andare in vapore* bedeutet nach Collodis Sprachgebrauch »in der Eisenbahn fahren« (C. Collodi: *Minuzzolo.* 1883, S. 177).

18 C. Collodi: *Minuzzolo.* 1883, S. 5–6, 162–180 (Cap. XXI »Vapore e strade ferrate«: Geschichte des Dampfes, der Dampfmaschinen, der Eisenbahnen und Eisenbahnzüge, Regeln für Kinder bei der Eisenbahnreise). – C. Collodi: *Il viaggio di Giannettino per l'Italia, vol. I.* 1890, S.97–105 (Cap. VII: »Una lezione in strada ferrata«: Moralische Erzählung im Eisenbahnzug zwischen Florenz und Modena); *vol. III.* 1890, S. 5–20 (Eisenbahnreise von Florenz nach Neapel).

19 C. Collodi: *Minuzzolo.* 1883, S. 181.

20 Vgl. Wolfgang Schivelbusch: *Geschichte der Eisenbahnreise. Zur Industrialisierung von Raum und Zeit im 19. Jahrhundert.* München (Hanser) 1977.

21 C. Collodi: *Un romanzo in vapore.* 1856, S. 27.

22 Ebenda, S. 50.

23 Ebenda.

24 Ebenda, S. 9.

25 Carlo Lorenzini (Collodi): *I misteri di Firenze (1857), a cura di Fernando Tempesti.* Firenze (Salani) 1988.

26 In einem kleinen literarischen Streiflicht mit dem Titel *Il fiorentino viaggiatore* (»Der Florentiner als Reisender«) hat Collodi die eigene Reiseunlust zu einer Charaktereigenschaft der Florentiner schlechthin erklärt: »Das charakteristischste Merkmal des wahren Florentiners war seine eingefleischte Abneigung gegenüber Reisen und besonders gegenüber langen Reisen.« (C. Collodi: *Occhi e nasi.* 1881, S. 186). – Nach den Angaben seines Passes ist Collodi in Bologna, Modena, Mailand und Turin gewesen (Carlo Lorenzini: *Oltre l'ombra di Collodi..* Catalogo. Roma 1990, S. 87).

27 Hippolyte Taine: *Reisen in Italien.* Jena 1910, Bd. II, S. 63.

28 Marcello Vanucci: *Quando Firenze era capitale.* Firenze 1975.

29 Vgl. Piero Guarducci: *Firenze capitale e Collodi.* In: *Studi Collodiani.* 1976, S. 329–333.

30 Carlo Collodi: *Occhi e nasi. Ricordi dal vero (1881).* Firenze 1925, S. 180.

31 Ebenda, S. 181.

32 Ebenda, S. 186.

33 Antonio Faeti: *Guardare le figure.* Torino 1972, S. 24.
34 Collodis Bruder Paolo hat dessen umfangreichen brieflichen Nachlaß verbrannt, weil er, so sein Neffe, kompromittierende Schreiben von weiblicher Hand vernichten wollte (so R. Bertacchini: *Il padre di Pinocchio.* 1993, S. 148).
35 C. Collodi: *Occhi e nasi.* 1925, S. 224–226.
36 R. Bertacchini: *Il padre di Pinocchio.* 1993, S. 148.
37 F. Tempesti: *Chi era il Collodi.* l. c., S. 22.
38 Cit. ebenda, S. 29.
39 Cit. ebenda, S. 15.
40 C. Collodi: *Le avventure.* Ed. O. Castellani Pollidori, 1983, S. XVIII.
41 Ebenda, S. XV–XVII.
42 Felice Del Beccaro: *L'uomo Collodi.* In: C. Collodi: *Le avventure.* 1955, S. 417–418.
43 Aus den Erinnerungen des Neffen, cit. F. Tempesti, l. c., S. 30.
44 ›Vita Nuova II‹, n. 46. Firenze 16. 11. 1890, S. 1–2.
45 Vgl. F. Tempesti, in: C. Collodi: *Pinocchio.* 1980, S. 7–14; Roberto Maini: *28 ottobre 1890. Una rassegna stampa dopo cent'anni.* In: Carlo Lorenzini: *Oltre l'ombra di Collodi.* Roma 1990, S. 41–54; Roberto Maini: *Il giudizio dei contemporanei.* In: *Carlo Lorenzini-Collodi nel centenario.* Roma 1992, S. 103–118.
46 Renato Bertacchini: *Il padre di Pinocchio.* 1993, S. 4.

Vom lernbegierigen zum widerspenstigen Kind

1 *I racconti delle fate. Voltati in italiano da C. Collodi.* Firenze (Paggi) 1876. Die Ausgabe umfaßte die *contes* von Perrault und dessen Versmärchen *Peau d'âne,* Madame d'Aulnoys Texte *La Belle aux chevaux d'or, L'Oiseau bleu, La Chatte blanche, La Biche au bois* und Madame Le Prince de Beaumont's Märchen *Le Prince Chéri* und *La Belle et la bête.*
2 Vgl. Paolo Paolini: *Collodi traduttore di Perrault.* In: *Studi Collodiani.* 1976, S. 445–467. Zur Anpassung der Texte an die italienische Umwelt gehört u.a. auch der Zug, daß Collodi in *La Belle au Bois Dormant* die vierte Fee einfach »vergißt«. Bei Perrault verleiht sie dem Mädchen die Gabe, »vollkommen tanzen zu können«, ein Wunsch, der sich dem Kinderbild Collodis wohl nicht fügen wollte.
3 Vgl. z. B. Mme d'Aulnoys *Belle aux chevaux d'or.*
4 Die grotesken Tierkutschen mit den »artigen« kleinen Zugtieren (grüne Mäuse, geflügelte Frösche, Tauben) gehören zum Repertoire der Feen in Mme d'Aulnoys *L'Oiseau bleu.* Vgl. *Das Kabinett der Feen,* hrsg. v. F. Apel und N. Miller, München (Winkler) 1984, S. 250, 270, 273.

5 C. Collodi: *Giannettino. Libro per i ragazzi. Approvato dal Consiglio Scolastico.* Firenze (Paggi) 1877.
6 Ippolito Lorenzini, 1911 (cit. F. Tempesti in: C. Collodi: *Pinocchio.* 1980, S. 20).
7 O. Castellani Pollidori in: C. Collodi: *Le avventure.* 1983, S. XIII.
8 *Moralische Erzählungen* von Franz Soave, aus dem Italienischen übersetzt von Dr. H. G. Zehner, 4 Theile, Hanau 1828.
9 Die Schulreform ist auch Thema eines Kapitels (»Istruzione obbligatoria?«) in Collodis Buch (*Giannettino.* 1888, S. 155–156).
10 Giuliano Procacci: *Geschichte Italiens und der Italiener.* München (Beck) 1983, S. 287.
11 Vgl. Dieter Richter: *Das fremde Kind.* Frankfurt (S. Fischer) 1987, S. 20–29.
12 *Giannetto. Letture ad uso de'fanciulli. Di L. A. Parravicini.* (Como 1837). 34a ediz., Palermo 1848.
13 L. A. Parravicini: *Giannetto.* 1848, S. 1.
14 C. Collodi: *Giannettino.* 1888, S. 9–10.
15 Ebenda, S. 235–240 (»I cattivi compagni«).
16 Ebenda, S. 54.
17 Eine Ausnahme macht die in den Kapiteln 12 und 13 erzählte phantastische Geschichte von dem »moralischen Papagei« (*Giannettino.* 1888, S. 69–82). Das Motiv kehrt in *Pinocchio* wieder (XIX).
18 16. Auflage 1888; 23. Auflage 1897. – Das Buch war bis nach dem Zweiten Weltkrieg in Neubearbeitung auf dem Kinderbuchmarkt (Collodi: *Giannettino. Ridotto e aggiornato da Nonno Pazienza.* Torino [Paravia] 1951; Ristampa 1972).
19 So Rigutini, der Herausgeber des *Vocabolario italiano della lingua parlata,* in seinem Vorwort zur Ausgabe des *Giannettino* von 1888 (S. 7).
20 C. Collodi: *Minuzzolo. Secondo libro di lettura. Seguito al Giannettino*. Firenze (Paggi) 1878; *4a ediz., aumentata e corretta, approvata dal Consiglio Scolastico,* Firenze (Paggi) 1883.
21 Ebenda, S. 5.
22 4. Auflage 1883; 18. Auflage 1898. – Auch dieses Buch war in stark bearbeiteter Form bis in die siebziger Jahre als Kinderlektüre verbreitet (Collodi: *Minuzzolo. Ripresentato ai ragazzi da Nonno Pazienza.* Torino [Paravia] 1961; Ristampa 1970).
23 C. Collodi: *Il viaggio per l'Italia di Giannettino. Parte prima* (L'Italia Superiore). Firenze 1880. *Parte Seconda* (L'Italia Centrale). Firenze 1883. *Parte Terza* (L'Italia Meridionale). 1886. Auch dieses Werk erlebte zahlreiche Auflagen. Spätere Ausgaben waren mit Holzstichen oder Photographien illustriert.
24 Vgl. Wolfgang Griep: *Die lieben Zöglinge unterwegs. Über Schulreisen am Ende des 18. Jahrhunderts.* In: Wolfgang Griep/Hans-Wolf Jäger (Hrsg.), *Reisen im 18. Jahrhundert.* Heidelberg (Winter) 1986, S. 152–180.

25 Auch inhaltlich drückt sich das »unitarische« Programm in dem Buch aus. In Sizilien wird Garibaldis »Zug der Tausend« mit Anteilnahme von einem der Beteiligten erzählt (III, S. 218–224); in Rom fehlt jeder Hinweis auf den regierenden Papst (vgl. II, S. 222–224).
26 C. Collodi: *Il viaggio per l'Italia.* I, S. 85–86, 145, 184–185, 253–254, 292–293; III, S. 20, 185.
27 Ebenda, I, S. 50.
28 C. Collodi: *La Grammatica di Giannettino. Per le scuole elementari.* Firenze (Paggi) 1883.
29 C. Collodi: *L'abbaco di Giannettino. Per le scuole elementari.* Firenze (Paggi) 1885.
30 C. Collodi: *La geografia di Giannettino.* Firenze (Paggi) 1886.
31 C. Collodi: *Occhi e nasi.* 1881, S. 195.
32 Ebenda, S. 196.
33 Ebenda, S. 164.
34 Ebenda, S. 7–20.
35 C. Collodi: *Macchiette.* Firenze 1880, S. 9 (»Un nome prosaico«).
36 C. Collodi: *Storie allegre.* (1887), 29a ediz., Firenze (Bemporad) 1924, S. 5–35.
37 Ebenda, S. 5.
38 Ebenda, S. 171–182.
39 C. Collodi: *Il regalo del capo d'anno. Descrizione degli usi e costumi di alcuni popoli meno conosciuti.* Firenze (Paggi) 1885. Nachdruck Lucca 1990 (Beschreibungen und Abbildungen von Lappen, Eskimos, Chinesen, Japanern, Negern und anderen »exotischen« Völkern). – C. Collodi: *Il regalo istruttivo.* Roma (Paravia) 1887.
40 C. Collodi: *La lanterna magica del Giannettino. Libro per i giovanetti.* Firenze (Bemporad) o. J. (1890).
41 Ebenda, S. 192–193.
42 Ebenda, S. 61–62.

Ein Roman in Serie

1 Zur Entstehungsgeschichte des Romans vgl. F. Tempesti in: C. Collodi: *Pinocchio.* 1980, S. 22–24; O. Castellani Pollidori in: C. Collodi: *Le avventure.* 1983, S. XIII–XVI; R. Bertacchini: *Il padre di Pinocchio.* 1993, S. 2 36–242.
2 Guido Biagi: *Il babbo di »Pinocchio«.* In: La Lettura, 1907 (cit. F. Tempesti in: C. Collodi: *Pinocchio.* 1980, S. 19).
3 Guido Biagi: *Quello che Collodi non aveva preveduto.* In: ›Il Marzocco‹, 21. 1. 1912 (cit. O. Castellani Pollidori in: C. Collodi: *Le avventure.* 1983, S. XIV).

4 R. Bertacchini: Il padre di Pinocchio, 1993, S. 238.
5 Laut Abrechnung über die beiden ersten Folgen vom 22. Juli 1881 (cit. O. Castellani Pollidori, l. c., S. XV).
6 ›Giornale per i bambini I‹, 1 (Roma 7. 7. 1881), S. 3–4; I, 2 (14. 7. 1881), S. 18.
7 O. Castellani Pollidori, l. c., S. XIV.
8 Ebenda, S. XV–XVI.
9 Ebenda, S. XVI.
10 F. Tempesti in: C. Collodi: *Pinocchio.* 1980, S. 22–23.
11 O. Castellani Pollidori, l. c., S. XVI.
12 Eine genaue Aufstellung der Kapitel- und Zeitfolgen bei O. Castellani Pollidori, l. c., S. XXI. – Die Kapiteleinteilung war Sache der Redaktion, nicht des Autors.
13 ›Giornale per i bambini‹, 10. 11. 1881, S. 303.
14 Ebenda, 9. 2. 1882, S. 96.
15 Ebenda, 16. 2. 1882, S. 98.
16 O. Castellani Pollidori, l. c. 1983, S. XXX.
17 In Kapitel 20 hatte die Fee für die 100 Festgäste »200 Tassen Milchkaffee und 400 Brötchen mit Butter bestrichen von oben und unten« in Aussicht gestellt; im Vorspann zu Kapitel 30 ist von »einer Tasse Milchkaffee und 2 Brötchen pro Nase« die Rede – der Festschmaus wurde also um die Hälfte reduziert (›Giornale‹, 23. 11. 1881, S. 746. Vgl. O. Castellani Pollidori, l. c., S. 194).
18 Die 15 Kapitel des ersten Teils blieben erhalten, aus den 17 Kapiteln des zweiten Teils wurden in der Buchausgabe 21 Kapitel, wobei die in der Zeitschriftenfassung vereinigten Kapitel 19/20, 21/22/23 und 25/26 getrennt wurden. Neu hinzugekommen sind in der Buchausgabe die Kapitelüberschriften.
19 Zu den Rezensionen des Buchs vgl. Roberto Maini: *Il giudizio dei contemporanei.* In: *Carlo Lorenzini-Collodi nel centenario.* 1992, S. 116–117. Die erste »prominente« Würdigung stammt von Paul Hazard (*La littérature enfantine en Italie.* 1914. In: *Les libres, les enfants, les hommes.* Paris 1952; dt. in: *Kinder, Bücher und große Leute.* Hamburg o. J., S. 143–150).

Pino, Pinolo, Pinocchio

1 *Dizionario della lingua italiana, nuovamente compilato dai N. Tommaseo e B. Bellini, vol. III.* Torino/Napoli 1871, S. 1041.
2 Ebenda. – In einer toskanischen »Schlaraffenland«-Version gehören *pinocchiati* zu den Köstlichkeiten dieses Landes (D. Richter: *Schlaraffenland, Geschichte einer populären Phantasie.* Köln 1984, S. 142).

3 Tommaseo-Bellini: *Dizionario.* l. c., S. 1041.

4 F. Canale: *Pinocchio era omosessuale?* In: ›Secolo XIX‹, 24. 3. 1977.

5 Die Etymologie des Wortes (siehe unten) spricht deutlich gegen die Definition *burattino* = »Marionette«, wie sie sich bei Tommaseo-Bellini, *Dizionario,* l. c., vol. I, 2, S. 1068, und im gelehrten *Vocabolario degli Accademici della Crusca, vol. II,* Firenze 1866, S. 325, findet. – Auch das neue *Grande Dizionario della lingua italiana, a cura di S. Battaglia, vol. II,* Torino s. d., S. 453, definiert *burattino* richtig als »Handpuppe«. Yorick (= Pietro Coccoluto Ferrigni): *La storia dei burattini* (1883), 2a ediz., Firenze (Bemporad) 1902, S. 80–81.

6 Ebenda, S. 81. Vgl. auch A. Prati: *Vocabolario etimologico italiano.* Roma (Multigrafica) 1969, S. 183 (*buratto* = »Mehlsieb«, *abburattare* = »durchsieben«).

7 *Dizionario etimologico italiano, vol. I.* Firenze 1968, S. 637; A. Prati: *Vocabolario etimologico italiano,* l. c., S. 183; Yorick: *La storia dei burattini,* l. c., S. 110. – Daß der Schauspielername auf die Puppe übertragen wurde, ist weniger wahrscheinlich.

8 In Yoricks »Storia dei burattini« wird – neben der spezifischen Bezeichnung »Handpuppe« – *burattino* durchaus als Oberbegriff des Figurentheaters benutzt.

Rebellisches Holz, grotesker Leib

1 Wilhelm Müller: *Rom, Römer und Römerinnen (1820).* Berlin (Duncker und Humblot) 1983, S. 260.

2 Wilhelm Waiblinger: *Werke und Briefe, Bd. 4: Reisebilder aus Italien.* Hrsg. v. Hans Königer. Stuttgart (Cotta) 1988, S. 50 (»Ueber die Theater in Rom«, 1831). – Eine ausführliche Beschreibung der römischen Figurentheater bei Ferdinand Gregorovius: *Wanderjahre in Italien, Bd. I.* Leipzig 1874, S. 210–222.

3 *Vocabolario degli Accademici della Crusca, vol. II.* Firenze 1866, S. 325.

4 Vgl. Maria Signorelli: Figure nuove e figure tradizionali nel repertorio dei burattini dell'800. In: F. Tempesti (a cura di): *Pinocchio fra i burattini.* Firenze (La Nuova Italia) 1993, S. 15–28.

5 Guglielmo Amerighi: *Pinocchio e il repertorio di Stenterello.* In: *Studi Collodiani.* 1976, S. 83–86.

6 Antonio Faeti: *Fagiolino barbiere dei morti, ovvero le tristi viscere di Bologna.* In: F. Tempesti (a cura di): *Pinocchio fra i burattini.* 1993, S. 131–140.

7 Fernando Tempesti: *Burattini in piazza del Granduca.* In: F. Tempesti (a cura di): *Pinocchio fra i burattini.* 1993, S. 101–108.

8 Vgl. Giuglielmo Amerighi: *Pinocchio.* (wie Anm. 5), S. 83.

9 Maria Giovanna Rak: *Documenti per la storia dei burattini nel secolo XIX.* In: F. Tempesti (a cura di): *Pinocchio fra i burattini.* 1993, S. 86–88.

10 Michail Bachtin: *Rabelais und seine Welt. Volkskultur als Gegenkultur.* Frankfurt (Suhrkamp) 1987.

11 Vgl. Daniela Marcheschi: *Aspetti della cultura popolare in »Pinocchio«.* In: ›Erba d'Arno‹, no. 20/21, 1985, S. 123–135.

12 Als die Fondazione Nazionale ›Carlo Collodi‹ 1983 einen internationalen Künstlerwettbewerb zur Gestaltung eines »Pinocchio-Exlibris« ausschrieb, waren die in einer Ausstellung präsentierten Arbeiten aus vielen Ländern trotz extremer künstlerischer Unterschiede in einem Punkt gleich: Pinocchio hatte immer eine lange Nase. Noch erstaunlicher ist vielleicht die Tatsache, daß auch die japanische Fernsehproduktion, die der Figur so gut wie alles Charakteristische nahm, ihr doch eben diese Nase gelassen hat.

13 *Dreizehn Fastnachtspiele* von Hans Sachs, hrsg. v. Edmund Goeze, Halle (Niemeyer) 1957, S. 119–129.

14 M. Bachtin: *Rabelais und seine Welt,* l. c., S. 358 (Über die Bedeutung der Nase dort S. 357–359).

15 G. Nerucci: *Sessanta novelle popolari montalesi.* Firenze, 2a ediz., 1891; *Storie toscane, a cura di Carla Poesio.* Milano (Fabbri) 1976 (»I fichi brogiotti«). Ähnlich wie in Wilhelm Hauffs Märchen »Der kleine Muck« führt hier der Genuß der »Zauberfeigen« zur Verlängerung (oder Verkürzung) der Nase, ein Effekt, der zu »Strafzwecken« eingesetzt wird.

16 A. Glaßbrenner/T. Hosemann: *Lachende Kinder.* Hamburg 1850.

17 A. J. Güntner/Anna Nußbaumer: *Der Kinder-Spiegel. Zehn Bildergeschichten für Kinder.* Gmunden o. J. (um 1950), S. 8–11 (»Die traurige Geschichte vom Lügenherbert«).

18 Vgl. dazu D. Richter: *Das fremde Kind.* 1987, S. 139–173.

19 Vgl. Dieter Richter: *Schlaraffenland. Geschichte einer populären Phantasie.* Köln (Diederichs) 1984; Frankfurt (Fischer Taschenbuch Verlag) 1995 (Untertitel: *Geschichte einer populären Utopie*).

20 Ebenda, S. 132.

21 Neben Pieter Brueghels bekanntem Bild »Die Kinderspiele« (Wien, Kunsthistorisches Museum) verweise ich auf die Blätter des Bologneser Künstlers Giuseppe Maria Mitelli (1634–1718) mit dem Titel *I ragazz int l'uscir dall scol* (Achille Bertarelli: *Le incisioni di G. M. Mitelli, Catalogo Critico.* Milano 1940, Anm. 361) und *Laborem ocio, ocium labore variat* (Rom, Museo Nazionale delle Arti e Tradizioni popolari, coll. IV/ 6 a/ 6313).

22 Vgl. dazu Elke Liebs: *Kindheit und Tod. Der Rattenfänger-Mythos als Beitrag zu einer Kulturgeschichte der Kindheit.* München (Fink) 1986.

1 Über den Zusammenhang der Pinocchio-Figur mit den Puppen-Chiffren der Moderne vgl. Michele Rak: *L'uomo duale: una metafora dell'industrialismo.* In: F. Tempesti (a cura di): *Pinocchio fra i burattini.* 1993, S. 29–52.
2 Waldemar Bonsels: *Die Biene Maja und ihre Abenteuer (1912).* Berlin/Leipzig 1920, S. 19.
3 Vgl. dazu Anna Katharina Ulrich: *Was rauscht der Wind in den Tannen? Deutungsversuche zu zwei Schweizer Kinderbuchklassikern.* In: ›Neue Zürcher Zeitung‹, 7./8. August 1993, S. 52.
4 Die »regressiven« Züge der Struktur des *Heidi*-Romans (Heidi darf in die Welt ihrer Kindheit zurückkehren) betont hingegen die Interpretation von Bettina Hurrelmann: *Heidi – Mignons erlöste Schwester.* In: ›Neue Sammlung 33‹ H. 3, 1993, S. 347–363.
5 Benedetto Croce: *La letteratura della nuova Italia, V.* Bari (Laterza) 1939, S. 365. Zur Kritik vgl. Antonio Piromalli: *Collodi, la libertà, il sistema.* In: *Studi Collodiani.* 1976, S. 491–502.
6 Christine Nöstlinger: *Pinocchio oder die Leiden des Übersetzers.* In: ›Die Zeit‹, 25. März 1988, S. 28.
7 Vgl. die Stellungnahme einer Gruppe des Arbeitskreises »Kinder-Bücher-Medien ›Der Rote Elefant‹« von 1978: »Schritt für Schritt kommt die Zentralmoral des Buches zum Ausdruck: Ein Lebensrecht hat nur, wer arbeitet und gehorsam ist, seine Bedürfnisse unterdrückt; wer sich nicht daran hält, verarmt und kommt um.« (›Elefantenbaby. Informationen des Roten Elefanten‹ 3/1978, S. 18).
8 Auch in anderen Büchern Collodis fehlen die Mädchen. In *Giannettino* und in *Minuzzolo* begegnet nicht ein einziges, keiner dieser Jungen hat eine Schwester, keiner kennt ein Mädchen aus der Nachbarschaft (F. Tempesti in: C. Collodi: *Le avventure.* 1983, S. 80).
9 Als *cappelli turchini* werden die Haare der Fee beschrieben: das ist weder das »türkisblau« *(turchese)* noch das »goldene Haar« mancher deutscher Übersetzungen, vielmehr ein leuchtender, zwischen dem Azurblau des Himmels und dem dunklen Veilchenblau liegender Farbton. Durch dieses Charakteristikum gehört die Fee weder zu den reinen Menschen- noch zu den reinen Tierfiguren der Geschichte, sie ist ein Wesen aus einer anderen und doch aus dieser Welt. Vielleicht hat Collodi das Motiv aus Perraults *Barbe bleu*-Figur entlehnt, für die ähnliches gilt.
10 E. Mirmina: *La concezione della donna nel capolavoro di Carlo Collodi.* In: *Studi Collodiani.* 1976, S. 409.
11 Ebenda, S. 412.
12 Vgl. D. Richter: *Das fremde Kind.* 1987, S. 92.
13 Die Szene mit den schwarzen Kaninchen ist für den zeitgenössischen italienischen Leser allerdings nicht nur »märchenhaft«; sie spielt auf die

Praktiken der *Arcicon fraternità*, der »Bruderschaften« an, denen in Italien das Bestattungswesen oblag.

14 Erich Kästner hat über den inszenierten Selbstmord der Mutter in seiner Autobiographie *Als ich ein kleiner Junge war* geschrieben (*Gesammelte Schriften, Bd. VI.* Stuttgart/Hamburg o. J., S. 103).

15 Arthur Henkel/Albrecht Schöne (Hrsg.): *Emblemata. Handbuch zur Sinnbildkunst des XVI. und XVII. Jahrhunderts.* Stuttgart (Metzler) 1967, S. 1703.

16 Paul Hazard: *Kinder, Bücher und große Menschen.* Hamburg (Hoffmann und Campe) 1952, S. 148.

Pinocchios Wiederkehr

1 E. Pistelli: *Eroi, uomini, ragazzi.* Firenze 1926, S. 250 (cit. F. Tempesti in: C. Collodi: *Le avventure.* 1983, S. 254).

2 Die Handschrift bietet als letzten Satz des Romans lediglich statt des *come ora son contento* (»Wie bin ich jetzt zufrieden …«) der Buchfassung ein *come son contento* (»Wie bin ich zufrieden …«). Vgl. C. Collodi: *Le avventure.* ed. O. Castellani Pollidori, 1983, S. 161.

3 Roberto Benigni in: ›La Repubblica‹, 7. 2. 2001; Otto Julius Bierbaum: *Zäpfel Kerns Abenteuer.* Köln (Schaffstein) 1905; Luigi Malerba: *Der gestiefelte Pinocchio.* Frankfurt (Frankfurter Verlags-Anstalt) 1990.

4 Roberto Coover: *Pinocchio in Venedig.* Reinbek (Rowohlt) 1994.

5 Christoph Meckel: *Das Hölzerne Bengele (1971).* In: Chr. Meckel: *Verschiedene Tätigkeiten. Geschichten, Bilder und Gedichte.* Stuttgart (Reclam) 1972, S. 42–43.

6 *The Complete Works of Lewis Carroll.* London (Nonesuch) 1966. Deutsche Zitate nach: Lewis Carroll: *Alice im Wunderland.* Übersetzt von Christian Enzensberger. Frankfurt (Insel) 1973, S. 11.

7 Ebenda, S. 12.

8 Ebenda, S. 13.

9 Ebenda, S. 17.

10 Die »schöne Geschichte«, die Alice hätte einfallen müssen, wäre natürlich die von dem Kind gewesen, das sich vergiftet, weil es unbekannte Flüssigkeiten trinkt (vgl. D. Richter: *Das fremde Kind.* 1987, S. 45–47).

11 Lewis Carroll: *Alice.* 1973, S. 22, 25, 28, 30 u. ö.

12 Ebenda, S. 23.

13 Lewis Carroll: *Alice im Wunderland.* 1963, S. 17, 19.

14 Ebenda, S. 106.

15 Ebenda, S. 125.

16 Ebenda, S. 128.

17 Vgl. D. Richter: *Das fremde Kind.* 1987, S. 261–279.

18 James M. Barrie: *Peter Pan or the Boy who Would Not Grow up.* London 1904 (Bühnenfassung); *Peter and Wendy.* London 1911. Deutsche Zitate nach: *Peter Pan.* Deutsch von Bernd Wilms. Hamburg 1988.
19 James M. Barrie: *Peter Pan.* 1988, S. 216.
20 Klaus Groth (1819–1899): *O wüßt ich doch den Weg zurück* ... In: *Sämtliche Werke, Bd.* 5. Flensburg 1960, S. 44. – Vertonung von Johannes Brahms, op. 63, no. 8.
21 Peter Härtling: *Pinocchio.* In: *Ausgewählte Gedichte 1953–1979.* Darmstadt (Luchterhand) 1979, S. 44.

Pinocchio alias Zäpfel Kern

1 *Zäpfel Kerns Abenteuer. Eine deutsche Kasperlegeschichte in 43 Kapiteln.* Frei nach Collodis italienischer Puppenhistorie *Pinocchio.* Von Otto Julius Bierbaum. Mit 65 Zeichnungen von Arpad Schmidhammer, Köln (Schaffstein) 1905. – Das Werk erschien im 100. Tausend 1959 bei Schaffstein, ab 1961 dort in einer bearbeiteten Neuausgabe.
2 Ebenda, S. 90–91.
3 Ebenda, S. 65 u. ö.
4 Ebenda, S. 75. Ein auch sprachlogisch zu erwartendes »nur Gendarmen« hat sich der Autor als offensichtlich zu gewagt verkniffen.
5 O. J. Bierbaum: *Zäpfel Kerns Abenteuer.* 1905, S. 124.
6 Ebenda, S. 63.
7 Ebenda, S. 234.
8 Ebenda, S. 259–263.
9 Ebenda, S. 83.
10 Ebenda, S. 82.
11 Ebenda, S. 109–111.
12 Ebenda, S. 150–151, 179–181, 146–147.
13 Ebenda, S. 112, 113, 169, 202 u. ö.
14 Vgl. dazu Dieter Richter: *Pinocchio fra i suoi fratelli tedeschi. Problemi dell' acculturazione del burattino.* In: F. Tempesti (a cura di): *Pinocchio fra i burattini.* Firenze 1993, S. 67–77.
15 O. J. Bierbaum: *Zäpfel Kerns Abenteuer.* 1905, S. 278.
16 Ebenda, S. 22–23.

Pinocchio in Deutschland

1 *Pinocchio. Die Geschichte eines Hampelmanns. Ein Fortsetzungsroman.* München (Schirmer/Mosel) 2003.
2 Siehe die bibliographische Aufstellung in: Dieter Richter: *Pinocchio oder Vom Roman der Kindheit.* Frankfurt (S. Fischer) 1996, S. 173–178. Nicht mitgezählt habe ich diverse Kurzfassungen und »Nacherzählungen« des Romans sowie Bilderbücher, Malbücher, Cartoons und die audiovisuellen Interpretationen.
3 In England (Erstübersetzung 1891) erschienen bis 1971 insgesamt sieben vollständige Übersetzungen, in den USA (Erstübersetzung 1898) bis 1981 ebenfalls sieben, in Frankreich (Erstübersetzung 1902) bis 1978 insgesamt neun. Zur nationalen Rezeptionsgeschichte *Pinocchios* hier und im folgenden vgl. Franklin S. Stych: *Pinocchio in Gran Bretagna e Irlanda.* Pescia 1971; Annalisa Macchia: *Pinocchio in Francia.* Pescia 1978; Nancy D. Sachse: *Pinocchio in USA.* Pescia 1981. Zur weiteren Rezeptionsgeschichte, in der auch die Vielzahl der japanischen Versionen auffällt, vgl. Maria Jole Minicucci: *Peregrinus ubique Pinoculus. Inedite traduzioni e edizioni rare de Le avventure di Pinocchio.* In: *Carlo Lorenzini-Collodi nel centenario.* Roma 1992, S. 165–190.
4 Edmondo de Amicis' Roman *Cuore. Libro per i ragazzi,* 1886 erschienen, wurde in Italien rasch zum kinderliterarischen Bestseller, dessen Auflagen jene von Collodis *Pinocchio* bis zum Ersten Weltkrieg weit übertrafen. Bis 1893 wurde der Roman in 13 Sprachen übersetzt, drei Jahre nach seinem Erscheinen auch ins Deutsche (*Herz. Ein Buch für die Knaben.* Basel 1889). Auch in den deutschsprachigen Ländern wurde das Buch erfolgreich.
5 *Hippeltitsch's Abenteuer. Geschichte eines Holzbuben.* Illustrationen von E. Chiostri. In autorisierter deutscher Bearbeitung von P. A. Eugen Andrae. Kattowitz/Leipzig (Siwinna) 1905. – Das Buch scheint in keiner Bibliothek mehr vorhanden zu sein.
6 *Die Geschichte vom hölzernen Bengele, lustig und lehrreich für kleine und große Kinder.* Nach C. Collodi deutsch bearbeitet von Anton Grumann. Mit 77 Bildern (von Enrico Mazzanti), Freiburg (Herder) 1913. - Die 100. Auflage erschien 1982.
7 Anton Grumann: *Die Geschichte von Bengeles Schwester.* Freiburg (Herder) 1931, 3. Auflage 1941.
8 Anton Grumann: *Die Geschichte vom hölzernen Bengele.* Freiburg (Herder) 1925, S. VIII.
9 Ebenda, S. 257.
10 Franz Latterer: *Hölzele, der Hampelmann, der schlimm ist und nicht folgen kann.* Wien 1923, S. 3.

11 *Pinocchios Abenteuer.* Erzählung. Aus dem Italienischen übersetzt von Joachim Meinert, Berlin/Weimar (Aufbau), 2. Auflage 1990.
12 Ch. Finch: *Walt Disney's America.* New York 1978, S. 241–252; E. Leebron/L. Gartley: *Walt Disney. A Guide to References and Resources.* Boston 1979, S. 17f.
13 Walt Disney: *Die Abenteuer des Pinocchio.* Stuttgart 1950; Walt Disney: *Pinocchio.* Aus dem Französischen übersetzt von Beatrice Erné. Stuttgart/Zürich 1969; Walt Disney: *Pinocchio.* München/Wien 1978.
14 *ZDF-Jahrbuch 1977.* S. 237; 1978, S. 189.
15 Karl W. Bauer/Heinz Hengst: *Wirklichkeit aus zweiter Hand. Kindheit in der Erfahrungswelt von Spielwaren und Medienprodukten.* Reinbek (Rowohlt) 1980, S. 45.
16 ›Rhein-Zeitung‹, Koblenz, 16. 2. 1978.

Die Italiener und ihr Pinocchio

1 Giorgio Cusatelli: *Pinocchio. Vortrag an der Universität Bremen.* 1984 (Manuskript unveröffentlicht).
2 Vgl. dazu die einschlägigen Bibliographien, ferner Renato Bertacchini (a cura di): *Le »Avventure ritrovate«. Pinocchio e gli scrittori italiani del Novecento.* Pescia (Fondazione Nazionale ›Carlo Collodi‹) 1983.
3 Antonio Tabucchi: *Es war einmal ein Stück Holz.* In: ›Zeit-Magazin‹, 11. 12. 1981, S. 27 und 30 (Übersetzung: Helene Harth).
4 Vincenzo Cappelletti in: Carlo Lorenzini: *Collodi nel centenario.* Roma 1980, S. 8.
5 Vgl. die neueste bibliographische Zusammenstellung von Renato Bertacchini: *Pinocchio tra due secoli. Breve storia della critica collodiana.* In: *Carlo Lorenzini-Collodi nel centenario.* Roma 1992, S. 121–164.
6 Vgl. dazu: *C'era una volta un pezzo di legno. La simbologia di Pinocchio. Atti del Convegno.* Pescia 1980; Milano (Emme) 1981.
7 Gian Luca Pierotti: *Ecce puer.* In: *C'era una volta,* l. c., S. 5–42. – Vgl. ferner R. Bertacchini: *Pinocchio tra due secoli.* 1992, S. 145–146.
8 Alle Angaben nach Fernando Tempestis Bibliographie in: C. Collodi: *Le avventure di Pinocchio.* Milano 1983, S. LXVI–LXIX.
9 P. Citati: *Questo Pinocchio è un vero fantasma.* In: ›Corriere della Sera‹, 19. 11. 1977.
10 Fernando Tempesti (a cura di): *Pinocchio fra i burattini.* Firenze (La Nuova Italia) 1993, S. 11.
11 Vgl. *Die Kinder des Struwwelpeter.* Ausstellungskatalog. Heinrich-Hoffmann-Museum Frankfurt 1984.
12 Rodolfo Biaggioni: *Pinocchio: cent'anni d'avventure illustrate.* Firenze (Giunti) 1984, S. 271–300. Eine weitere bibliographische Zusammenstellung: Libreria Salimbeni: *Collodi, da Collodi, su Collodi.* Catalogo 1984, S. 75–77.

13 Luigi Malerba: *Pinocchio con gli stivali*. Roma (Ed. Cooperativa Scrittori) 1977.
14 Giorgio Manganelli: *Pinocchio: un libro parallelo*. Torino (Einaudi) 1977, S. VI.
15 Roberto Benigni im Gespräch mit Eugenio Scalfaro, in: ›Repubblica‹, 7.2.2001.
16 Bezeichnend ist die Tatsache, daß in manchen deutschsprachigen Literaturgeschichten der Name Collodi nicht einmal erwähnt wird (Heinz Willi Wittschier: *Die italienische Literatur*, 3. Auflage, 1985).
17 Zit. in: Sonia Marx: *Le avventure tedesche di Pinocchio*. Firenze 1990, S. 248.
18 Giacorno Biffi: *Pinocchio e la questione italiana*. Milano 1990.
19 Giorgio De Rienzo: *Pinocchio al posto del Tricolore*. In: ›Europeo‹, 12. 10. 1990, S. 29.
20 Vgl. Renato Bertacchini (a cura di): *Le »avventure« ritrovate. Pinocchio e gli scrittori del Novecento*. Pescia 1983. A. A. Rosas These wurde dort einer Reihe von Schriftstellern zur Diskussion gestellt.
21 Alberto Asor Rosa, in: *Storia d'Italia, vol. IV*. Torino (Einaudi) 1975, S. 925–940 (Zitate S. 925, 939).
22 Ebenda, S. 937.
23 Ebenda, S. 939.

Literaturverzeichnis

Editorische Notiz: Den deutschsprachigen Pinocchio-Zitaten in diesem Buch liegt die Kritische Ausgabe »Le avventure di Pinocchio« von Ornella Castellani Pollidori (1983) in der Übersetzung des Verfassers zugrunde. Zitiert wird – ohne Seitenangabe – nach den laufenden Kapiteln des Romans.

Adler, Alfred: *Holzbengel mit Herzensbildung. Studie zu De Amicis' »Cuore«, Collodis »Pinocchio« und anderen literarischen Aspekten des italienischen Lebensstils.* München 1972.

Alberts, Jürgen u. Marita: *Cappuccino zu dritt. Ein Roman aus der Toskana.* Köln 2001.

Annibaletto, Stefano: *Pinocchio al cinema.* Firenze (La Nuova Italia) 1992 (= Le Api Industriose, 2).

Bernacchi, Pier Francesco (a cura di): *Pinocchio nella pubblicità.* Firenze 1997.

Bertacchini, Renato (a cura di): *Le »avventure« ritrovate. Pinocchio e gli scrittori italiani del Novecento.* Pescia (Fondazione Nazionale ›Carlo Collodi‹) 1983.

Bertacchini, Renato: *Pinocchio tra due secoli. Breve storia della critica collodiana.* In: *Carlo Lorenzini nel centenario.* Roma 1992, S. 121–164.

Bertacchini, Renato: *Il padre di Pinocchio. Vita e opere del Collodi.* Milano (Camunia) 1993.

Biaggioni, Rodolfo: *Pinocchio: cent'anni d'avventure illustrate. Bibliografia delle edizioni illustrate italiane.* Firenze (Giunti) 1984.

Biffi, Giacomo: *Pinocchio e la questione italiana.* Casale Monferrato (Ed. Piemme) 1990.

Biffi, Giacomo: *Pinocchio oder die Frage nach Gott.* Augsburg (St.-Ulrich-Verlag) 2000.

Calvino, Italo: *Ma Collodi non esiste.* In: ›La Repubblica‹, 19./20.4.1981.

Campa, Riccardo: *La metafora dell' irrealtà.* Pescia (Fondazione Nazionale ›Carlo Collodi‹) 1999.

Carlo Lorenzini: *Collodi nel centenario.* Roma (Enciclopedia Italiana) 1992.

Carlo Lorenzini: *Oltre l'ombra di Collodi.* Catalogo. Roma (Enciclopedia Italiana) 1990.

C'era una volta un pezzo di legno. La simbologia di Pinocchio. Atti del Convegno organizzato dalla Fondazione Nazionale ›Carlo Collodi‹ di Pescia (1980). Milano (Emme) 1981.

Clemente, Pietro/Fresta, Mariano (a cura di): *Interni e dintorni del Pinocchio. Atti del Convegno »Folkloristi italiani del tempo del Collodi«.* Montepulciano (Ed. del Grifo) 1986.

Collodi, Carlo: *Giannettino. Libro per i ragazzi (1877).* 16a ediz., approvato dal Consiglio Scolastico. Firenze (Paggi) 1888.

Collodi, Carlo: *Il viaggio per l'Italia di Giannettino. Parte prima* (L'Italia Superiore) 1880, 5a ediz., Firenze (Bemporad) 1890. – *Parte seconda* (L'Italia centrale) 1883, 3a ediz., Firenze (Paggi) 1886. – *Parte terza* (L'Italia meridionale) 1886, 3a ediz., Firenze (Bemporad) 1891.
Collodi, Carlo: *I misteri di Firenze (1857). A cura di Fernando Tempesti.* Firenze (Salani) 1988.
Collodi, Carlo: *I racconti delle fate. Voltati in italiano.* Firenze (Paggi) 1876.
Collodi, Carlo: *La lanterna magica di Giannettino. Libro per i giovanetti. Illustrato da E. Mazzanti.* Firenze (Bemporad) s. d. 1890.
Collodi, Carlo: *Le avventure di Pinocchio. Edizione nazionale.* Firenze (Valecchi) 1955.
Collodi, Carlo: *Le avventure di Pinocchio. Edizione critica, a cura di Ornella Castellani Pollidori.* Pescia (Fondazione Nazionale ›Carlo Collodi‹) 1983.
Collodi, Carlo: *Le avventure di Pinocchio. Storia di un burattino. A cura di Fernando Tempesti.* Milano (Mondadori) 1983.
Collodi, Carlo: *Minuzzolo (1878). Secondo libro di lettura. Seguito al ›Giannettino‹. IVa ediz., aumentata e corretta, approvata dal Consiglio Scolastico.* Firenze (Paggi) 1883.
Collodi, Carlo: *Occhi e nasi. Ricordi dal vero (1881).* Firenze (Bemporad) 1925; Ristampa Giunti s. d.
Collodi, Carlo: *Pinocchio. A cura di Fernando Tempesti.* Milano (Feltrinelli) 11a ediz. 1980.
Collodi, Carlo: *Storie allegre (1887). 29a ediz. Disegni di E. Mazzanti.* Firenze (Bemporad) 1924.
Collodi, Carlo: *Un romanzo in vapore. Da Firenze a Livorno. Guida storico-umoristica (1856);* Ristampa Lucca (Pacini Fazzi) 1987. Nota introduttiva di Daniela Marcheschi.
Coover, Robert: *Pinocchio in Venedig.* Reinbek (Rowohlt) 1994.
Cusatelli, Giorgio: *Pinocchio in Germania.* In: *Studi Collodiani.* Pistoia e Pescia 1976, S. 141–148.
Cusatelli, Giorgio: *Pinocchio esportazione. Il burattino di Collodi nella critica straniera.* Roma 2002.
Escarpit, Denise (ed.): *The Portrayal of the Child in Children's Literature.* München (Saur) 1985.
Faeti, Antonio: *Guardare le figure. Gli illustratori italiani dei libri per l'infanzia.* Torino (Einaudi) 1972.
Flores d'Arcais, Giuseppe (a cura di): *Pinocchio sullo schermo e sulla scena.* Firenze (La Nuova Italia) 1994.
Garroni, Emilio: *Pinocchio uno e bino.* Roma-Bari (Laterza) 1975.
Härtling, Peter: *Pinocchio.* In: Ders.: *Ausgewählte Gedichte 1953–1979.* Darmstadt (Luchterhand) 1979, S. 44.
Hazard, Paul: *Das Italien von gestern (1914).* In: Ders.: *Kinder, Bücher und große Menschen. Mit einem Vorwort von Erich Kästner.* Hamburg (Hoffmann und Campe) 1952 (= *Les libres, les enfants, les hommes,* dt.).

Klotz, Volker: *Das europäische Kunstmärchen. Fünfundzwanzig Kapitel seiner Geschichte von der Renaissance bis zur Moderne.* Stuttgart (Metzler) 1985.

Koppen, Erwin: *Pinocchio im Reich des Simplicissimus. Otto Julius Bierbaum als Bearbeiter Collodis.* In: *Stimmen der Romania. Festschrift für Theodor Elwert.* Wiesbaden (Heymann) 1980, S. 225–241.

Limiti, Giuliana: *Pinocchio in Cecoslovacchia.* Pescia 1971 (= ›Quaderni della Fondazione Nazionale ›Carlo Collodi‹‹, 8).

Macchia, Annalisa: *Pinocchio in Francia.* Pescia 1978 (= ›Quaderni della Fondazione Nazionale ›Carlo Collodi‹‹, 11).

Magli, Paolo/Cecconi, Valeriano: *Il Paese dei balocchi. Guida al parco di Pinocchio, Collodi.* Pistoia (Nuove Esperienze) s. d. (ca. 1990).

Malerba, Luigi: *Pinocchio con gli stivali.* Roma (Ed. Cooperativa Scrittori) 1977. Deutsch: *Der gestiefelte Pinocchio.* Aus dem Italienischen von Burkhart Kroeber. Frankfurt (Frankfurter Verlagsanstalt) 1990.

Manganelli, Giorgio: *Pinocchio: un libro parallelo.* Torino (Einaudi) 1977. Deutsch: *Pinocchio. Ein Parallelbuch.* Aus dem Italienischen von Marianne Schneider. Frankfurt (Frankfurter Verlagsanstalt) 1990.

Marcheschi, Daniela: *Aspetti della cultura popolare in Pinocchio.* In: ›Erba d'Arno‹ 20/21 (1985), 123–135.

Marcheschi, Daniela: *Carlo Collodi reist auf der Leopold-Linie. Überlegungen zu seinem Eisenbahn-Roman.* In: ›Zibaldone‹, H. 14, 1992, S. 13–25.

Marchese, Pasquale: *Bibliografia pinocchiesca.* Firenze (La Stamperia) 1983.

Marx, Sonia: *Le avventure tedesche di Pinocchio. Letture d'una storia senza frontiere.* Firenze (La Nuova Italia) 1990 (= Le Api industriose, 1).

Meckel, Christoph: *Das Hölzerne Bengele (1971).* In: Ders.: *Verschiedene Tätigkeiten. Geschichten, Bilder und Gedichte.* Stuttgart (Reclam) 1972, S. 36–47.

Mergner, Gottfried/Gottwald, Peter (Hrsg.): *Liebe Mutter – Böse Mutter. Angstmachende Mutterbilder im Kinder- und Jugendbuch.* Oldenburg. (Ausstellungskatalog) 1989.

Müller, Helmut: *Pinocchio. Die Vernunft des kleinen Mannes als Motiv im Kinderbuch.* In: Klaus Doderer (Hrsg.): *Klassische Kinder- und Jugendbücher.* Weinheim (Beltz & Gelberg) 1970, S. 17–33.

Nöstlinger, Christine: *Pinocchio oder die Leiden des Übersetzers.* In: ›Die Zeit‹, 25. März 1988, S. 28.

Pinocchio oggi. Atti del Convegno Pedagogico Pescia-Collodi, 30. settembre–1. ottobre 1978. Pescia 1980.

Richter, Dieter: *Das fremde Kind. Zur Entstehung der Kindheitsbilder des bürgerlichen Zeitalters.* Frankfurt (S. Fischer) 1987.

Richter, Dieter: *Es war einmal ein Stück Holz. Pinocchio, sein Autor und seine Zeit.* In: ›Schiefertafel. Zeitschrift für Kinder- und Jugendbuchforschung‹, IX/3 (1986), S. 102–117.

Richter, Dieter: *Pinocchio fra i suoi fratelli tedeschi. Problemi dell'acculturazione del ›burattino‹.* In: F. Tempesti (Hrsg.): *Pinocchio fra i burattini.* Firenze (La Nuova Italia) 1993, S. 67–77.

Richter, Dieter: *Schlaraffenland. Geschichte einer populären Phantasie.* Köln (Diederichs) 1984; Frankfurt (Fischer Taschenbuch Verlag) 1995 (Untertitel: *Geschichte einer populären Utopie*).

Roeck, Bernd: *Florenz 1900. Die Suche nach Arkadien.* München (C. H. Beck) 2001.

Sachse, Mancy D.: *Pinocchio in U.S.A.* Pescia 1981 (= ›Quaderni della Fondazione Nazionale ›Carlo Collodi‹‹, S. 14).

Scherf, Walter: *Der unbekannte Carlo Lorenzini.* In: *Pinocchio.* Hrsg. v. Walter Scherf, Bayreuth (Loewes) 1972, S. 172–175.

Studi Collodiani. Atti del Io Convegno Internazionale, Pescia 1974. A cura della Fondazione Nazionale ›Carlo Collodi‹. Pescia (Cassa di Risparmio di Pistoia e Pescia) 1976.

Stych, Franklin Samuel: *Pinocchio in Gran Bretagna e in Irlanda.* Pescia 1971 (= ›Quaderni della Fondazione Nazionale ›Carlo Collodi‹‹, 7).

Tabucchi, Antonio: *Sogno di Carlo Collodi, scrittore e censore teatrale.* In: Ders.: *Sogni di sogni.* Palermo (Sellerio) 1992.

Tempesti, Fernando: *Chi era il Collodi? Com'è fatto Pinocchio?* In: C. Collodi: *Pinocchio.* Milano (Feltrinelli) 1980, S. 5–137.

Tempesti, Fernando (a cura di): *Pinocchio fra i burattini.* Atti del Convegno del 27–28 marzo 1987. Firenze (La Nuova Italia) 1993 (= ›Le Api industriose‹, 3).

Tommasi, Rodolfo: *Pinocchio. Analisi di un burattino.* Firenze (Sansoni) 1992.

Traversetti, Bruno: *Introduzione a Collodi.* Roma-Bari (Laterza) 1993.

Volpicelli, Luigi: *Bibliografia Collodiana.* Pescia 1980 (= ›Quaderni della Fondazione Nazionale ›Carlo Collodi‹‹, 13).

Yorick (d. i. Pietro Coccoluto Ferrigni): *La Storia dei Burattini (1883).* 2a ediz., Firenze (Bemporad) 1902.

Zanotto, Piero: *Pinocchio nel mondo.* Milano (Ed. Paoline) 1990.

Register

A
Aeneas 78
Alphabetisierung 28–31, 68, 83
Angstlust 59
Arbeit 69–70, 106
Ariès, Ph. 65
Arlecchino 57, 94
Automobil 89

B
Bachtin, M. 58, 59, 61
Barrie, J. M. 86
Benigni, R, 81, 112, 114
Benjamin, W. 99
Berlusconi, S. 111
Bertoldo 61
Biagi, G. 40, 42
Bierbaum, O. J. 81, 88–96
Biffi, G. 114
Bildungsroman 65
Bonsels, W. 68, 86, 104
Bohème 23, 89
Brahms, J. 86
Brighella 56
Busch, W. 31, 42, 48

C
Calvino, I. 109
Cappelletti, V. 110
Carroll, L. 83–85
Cassandrino 56
Castellani Pollidori, O. 28
Cavour, C. 16
Collodi (Ortschaft) 12, 112–114
Comencini, Li. 112
Commedia dell'arte 57, 94
Consagra, P. 113
Coover, R. 81
Croce, B. 70
Cusatelli, G. 108, 114

D
De Amicis, E. 97
De Rienzo, G. 115
Dickens, Ch. 66
Disney, W. 103-104
Doyle, C. 43

E
Eigensinn 54–55
Eisenbahn 18–19
Erwachsenen-Kind-Verhältnis 65–66
Eulenspiegel 61
Ewers, H. H. 89
Exempelliteratur 76.

F
Fagiolino 94
Familienstruktur 71–73
Florenz 11–25, 34, 109
Fee 27, 59, 61, 74–79, 92
Feenmärchen 26–27
Fondazione Nazionale ›Carlo Collodi‹ 108, 111, 113-114
Freud, S. 73–74

G
Generationenvertrag 67, 69, 79
Ginori 12
Glaßbrenner, A. 59

Greco, E. 113
Grimm, J. u. W. 92
Groteske 60–61
Groth, K. 86
Grumann, A. 98, 101
Guignol 56

H
Härtling, P. 87
Hanswurst 61
Hauff, W. 59
Hazard, P. 78
Hengst, H. 104
Hoepli, U. 29
Hoffmann, E. T. A. 86
Hoffmann, H. 111
Hofmannsthal, H. v. 89
Holz 53–55
Hosemann, A. 59

J
Journalismus 17–18
Jung, C. G. 110

K
Kästner, E. 14
Kaffeehaus 23
Karneval 62–63
Kasper 56, 61, 93–94, 99, 102
Kinderreiseführer 33
Kinderzeitschrift 40–41
Kindheitsbild 29–32, 106–107
Kipling, R. 86
Körper 58–61

L
Lachen 59–60
Lagerlöf, S. 86
Laterna magica 37–38.
Latterer, F. 101
Lollobrigida, G. 112

M
Märchen 26–27, 53, 58, 92
Malerba, L. 81, 109, 112
Manganelli, G. 109, 112
Mann, H. 91
Marchianò, G. 110
Martini, F. 43
Mazzanti, E. 47
Mazzini, G. 16–17
Meckel, Chr. 81–82
Montanara 17
Moravia, A. 109
Müller, W. 55
Mutter 74–78

N
Nase 58–59, 77
Nöstlinger, Chr. 71

O
Ohren 59

P
Paggi, A. u. F. 26, 29, 47
Parravicini, L. A. 27, 29–30
Perrault, Ch. 26–27
Pescia 12
Piatti 16
Pinie 48–51
Postman, N. 107
Pulcinella 57.
Puppe 51–52, 101–102
Puppenspiel 51–52, 57–59

R
Rabelais, F. 58
Reise 34, 89
Reiseführer 33–34
Reiseroman 61–63
Richard-Ginori 14f.
Rigutini, G. 32
Risorgimento 16–18, 21
Rodari, G. 109

Rousseau, J. J. 66
Rosa, A. A. 115, 116

S
Sachs, H. 58
Salzmann, Chr. G. 66
Schlaraffenland 61–63, 91
Schneider, M. 97
Schule 29–36, 62, 64
Schwind, M. v. 92
Schwob, M. 89
Serienroman 40–43.
Soave, F. 29
Spielregister 63
Sprichwort 50
Spyri, J. 68–69
Stenterello 94
Sue, E. 20

T
Tabucchi, A. 109
Taine, H. 20
Taverna, G. 29
Tempesti, F. 111
Theater 55–56
Tod 60, 76–78, 94
Tommaseo-Bellini 49
Toskana 21, 50, 51, 88,
Toskanismen 48–51, 98
Troll 61

U
Ulrich, A. K. 68

V
Vater 66–67, 72–73, 78–79
Verkehrte Welt 62–63, 83–84
Vieusseux, G. P. 20
Volkstheater 55–58

W
Weihnachtsmärchen 92
Wilde, O. 89

Y
Yorick 51

Z
Zeitstruktur 85
Zivilisationsprozeß 56, 60–61
Zwerg 61

Mehr über die Toskana:

Florenz
Eine literarische Einladung
Schriftsteller beschreiben Florenz als Ort der Kunst, der Sprache und der Narretei.
»Unverzichtbar vor, während und nach einem Florenzbesuch.«
Manfred E. Schuchmann, Hessischer Rundfunk
Herausgegeben von Marianne Schneider
SVLTO. Rotes Leinen. Fadengeheftet. 128 Seiten mit Abbildungen

Alice Vollenweider
Die Küche der Toskana
Eine Reise durch ihre Regionen mit passenden Rezepten
Alice Vollenweider wirft einen unterhaltsamen und fundierten Blick in die Mutter aller Kochtöpfe: Eine Reise in die Toskana, zu Köchen und ihren Leibgerichten.
»Ein wunderschönes Büchlein für den auch kulinarisch emanzipierten Zeitgenossen.« Pia Reinacher, Tages-Anzeiger
SVLTO. Rotes Leinen. Fadengeheftet. 144 Seiten mit vielen Abbildungen

Iris Origo
Im Namen Gottes und des Geschäfts
Iris Origo erzählt das Leben des Kaufmanns Datini aus dem toskanischen Prato, eines klassischen Selfmademan der Renaissance: seine Reisen, seinen Alltag, seine Ehe, seine Geschäfte zwischen Gott und Profit. Lebensbild eines toskanischen Kaufmanns in der Frührenaissance.
»Iris Origo hat es verstanden, wissenschaftliche Akribie und Detailkenntnis mit fesselnder Lebensbeschreibung zu verbinden.«
Herfried Münkler, Frankfurter Allgemeine Zeitung
Aus dem Englischen und Italienischen von Uta-Elisabeth Trott
WAT 290. 504 Seiten

Franco Sacchetti

Toskanische Novellen

Die Novellen des Florentiners Sacchetti sind echte »novellae«, das heißt Neuigkeiten aus Bett, Küche und Piazza, die er uns mit der säuischen Lust der Renaissance und typisch toskanischer Schadenfreude erzählt.

»Das reichhaltigste, aufregendste Fresko des Alltagslebens in der mittelalterlichen Toskana.« Luigi Malerba

Mit einer Einleitung von Luigi Malerba und einem Nachwort von Alice Vollenweider. WAT 308. 328 Seiten

Romano Bilenchi

Mein Vetter Andrea

Geschichten aus der Toskana

Bilenchis Geschichten aus dem Herzen der Toskana sind voll portraitistischer Kraft und in kunstvoller Knappheit und nachdrücklicher Schlichtheit erzählt. Sie handeln vom Eigen-Sinn der Dorf- und Kleinstadtbewohner im Kernland Italiens.

»Bilenchi ist neben Gadda und Bassani, Moravia und Vittorini eine authentische Stimme der italienischen Literatur: die Stimme der Toskana.« Roland H. Wiegenstein, Frankfurter Rundschau

Aus dem Italienischen von Moshe Kahn. WAT 353. 128 Seiten

Horst Bredekamp

Florentiner Fußball: Die Renaissance der Spiele

Ein überaus originelles Buch zur Kultur der Renaissance und zur Wiege des Fußballs in seinem heimlichen Mutterland Italien.

»Eine profunde kulturhistorische Analyse mit allem, was dazugehört!« Christof Siemes, DIE ZEIT

WAT 397. 240 Seiten mit vielen Abbildungen

Italienische Geschichten für große und kleine Kinder

Wie der Hund und der Mensch Freunde wurden
Fabeln und Abenteuergeschichten für Kinder von heutigen italienischen Autoren.
(Eine Auswahl, gelesen von Klaus Wagenbach, auch als LeseOhr.)
Ausgewählt von Klaus Wagenbach
SVLTO. Rotes Leinen. Fadengeheftet. 96 S. mit Illustr. von Axel Scheffler

Luigi Malerba
Die nachdenklichen Hühner
Die endliche Entdeckung der menschlichen Seele in all ihren hühnerhaften Aspekten.
Aus dem Italienischen von Elke Wehr und Iris Schnebel-Kaschnitz
SVLTO. Rotes Leinen. Fadengeheftet. 80 S. mit Zeichn. von Matthias Koeppel

Don Giovanni und der Teufel
Märchen aus Sizilien
Mediterrane Fabulierkunst ohne Grenzen – Märchen aus Sizilien: leidenschaftlich und herzlich, seltsam, bisweilen auch derb: über Intrigen, Neid und Haß, über Treue, Freundschaft und die Liebe.
Nach dem Volksmund, gesammelt von Laura Gonzenbach
SVLTO. Rotes Leinen. Fadengeheftet. 144 Seiten

Gianni Rodari
Das fabelhafte Telefon
Wahre Lügengeschichten für Groß und Klein
Mit seinen verrückten Geschichten und schrulligen Personen ist Gianni Rodari zu einem Klassiker geworden.
(Auch als LeseOhr, von Kornelia Boje hinreißend gelesen)
Aus dem Italienischen von Marianne Schneider
SVLTO. Rotes Leinen. Fadengeheftet. 144 Seiten

Mit einem Taschenbuch nach Italien

Attilio Brilli
Italiens Mitte
Alte Reisewege und Orte in der Toskana und Umbrien
Die alten Reisewege durch das Herz Italiens und seine Orte, beschrieben von Pilgern, Adligen, Schriftstellern und Malern.
Aus dem Italienischen von Annette Kopetzki
WAT 313. 192 Seiten

Italia fantastica!
Junge italienische Literatur
Zwanzig Erzählungen von Autoren unter vierzig Jahren.
Ein Blick nach vielen Seiten – in die Werkstatt und in die Phantasien der jungen italienischen Literatur: in ihre Wachträume und virtuellen Flüge.
Herausgegeben von Gabriella D'Ina
WAT 280. 160 Seiten

Brunello Mantelli
Kurze Geschichte des italienischen Faschismus
Die Geschichte des italienischen Faschismus von den Anfängen bis zum Fall.
Mantelli zeigt, wie sehr sich der italienische Faschismus vom deutschen Nationalsozialismus unterschied: Er entstand nicht als eine rassistische Bewegung von Herrenmenschen, es gab keinen Alleinvertretungsanspruch (wohl aber einen Selbstdarstellungsanspruch: Mussolini als Wochenschauheld), keine Gleichschaltung (sondern einigermaßen freie Verlage wie Einaudi), keinen Kampf gegen eine angeblich »entartete« Kunst.
Deutsche Erstausgabe. Aus dem Italienischen von Alexandra Hausner
WAT 300. 192 Seiten mit vielen Abbildungen

Friederike Hausmann
Kleine Geschichte Italiens von 1943 bis Berlusconi
Vom Sturz Mussolinis und der Resistenza über die Mitte-Rechts-Regierungen, die Jahre des Terrors und die vielen Kabinette Andreottis bis zur Korruption unter Craxi, von der angeblichen Wende unter Berlusconis erster Regierung zur Veränderung unter Prodis Mitte-Links-Regierung bis zum erschreckenden Rechtsruck im Frühjahr 2001 und den sich heute vollziehenden Veränderungen des Landes durch die Regierung Berlusconi.
Mit sämtlichen Daten, Regierungen, Wahlergebnissen und einem Portrait der italienischen Wirtschaft. Aktualisierte und erweiterte Neuausgabe
WAT 448. 240 Seiten

Umberto Eco
Mein verrücktes Italien
25 Portraits
Das Schöne daran, es ist live! ruft die begeisterte Zuschauerin des Palio in Siena. Im Hintergrund schreibt Umberto Eco mit – der Zeichentheoretiker entziffert die Zeichen seines Landes.
»In liebevoll-ironischem Plauderton erklärt Eco den ganz normalen italienischen Alltagswahnsinn.« Berliner Zeitung
Aus dem Italienischen von Burkhardt Kroeber
WAT 370. 128 Seiten